Auf nach Rom!

Kurztrip-Reiseführer für echtes Dolce Vita

Sabrina Hüsken

Hinweise:

Alle Texte und Fotos in diesem Buch wurden von Menschen erstellt und zeigen authentische Momente ohne digitale Manipulation oder KI-Generierung. Trotz größter Sorgfalt bei Recherche, Text und Bildauswahl können sich Änderungen oder Fehler nicht vollständig ausschließen lassen. Angaben zu Öffnungszeiten, Preisen oder Adressen erfolgen daher ohne Gewähr.

Autorin:
Sabrina Hüsken

Mitwirkende:
Covergestaltung und Satz: Denise Gahn
Lektorat: Gunnar Schade

Verlag:
Beerah Verlag
Lohmühlental 54
45276 Essen
Deutschland
www.beerah-verlag.de
1. Auflage

Druck und Distribution:
Amazon KDP
ISBN: 978-3-912519-00-6

Inhaltsverzeichnis

Einleitung

Benvenuti a Roma lieber Reisefreund,
liebe Reisefreundin,

Reiseführer über Rom gibt es wie Sehenswürdigkeiten in der Stadt – also Tausende. Aber Rom entdeckt man nicht durch allzu viele Zahlen und Daten, sondern durch Gefühl: beim ersten Espresso an einer Bar, im goldenen Abendlicht, das die alten Fassaden erstrahlen lässt, oder in der Stille einer jahrtausendealten Ausgrabungsstätte, die Geschichten flüstert.

Seit jeher verzaubert die Stadt mit ihrer Mischung aus Geschichte, Charme und *la dolce vita*. Wer nach Rom fährt, wirft fast automatisch eine Münze in den Trevi-Brunnen (Das verpflichtet zur Rückkehr!) und lässt den Tag mit *aperitivo* und Pasta ausklingen. Doch so umwerfend Rom ist, so leicht kann es auch überwältigen: Wo anfangen, was unbedingt sehen, wie Zeit für kleine Entdeckungen lassen?

Genau hier setzt dieser Reiseführer an: Er verbindet klare Vorschläge zu den klassischen Highlights, die vielleicht auch auf deiner Wunschliste stehen, mit den versteckten Schätzen und besonderen Orten, die ich selbst entdeckt habe oder die mir von wunderbaren Menschen in Rom gezeigt wurden. Vielleicht ist es die stille Schönheit des Brunnens Paola, den ich nur entdeckt habe, weil der Trevi-Brunnen gerade renoviert wurde, die geheimnisvollen Räume der Domus Aurea, ein Blick von den oberen Rängen des Kolosseums oder die unvergessliche Atmosphäre im Vatikan – Rom steckt voller solcher Überraschungen.

Viele Insidertipps führen dich nicht unbedingt zu einem bestimmten Ort, sondern unterstützen dich zum Beispiel dabei, dein zukünftiges Lieblingscafé der Stadt zu entdecken.

Natürlich wirst du Rom in wenigen Tagen nicht vollständig „schaffen". Aber du wirst eintauchen in das Herz der Stadt und Erlebnisse mitnehmen, die bleiben: sei es ein versteckter Innenhof, eine spontane Feier oder einfach das Gefühl, durch Straßen zu schlendern, in denen über Jahrtausende Geschichte lebendig geblieben ist.

Also, worauf wartest du noch? Pack deine Neugier ein, und lass dich verzaubern von *la bella Roma* – der pulsierenden, genussvollen und zeitlosen Hauptstadt Italiens.

Auf nach Rom! *Buon viaggio!*

Deine Sabrina

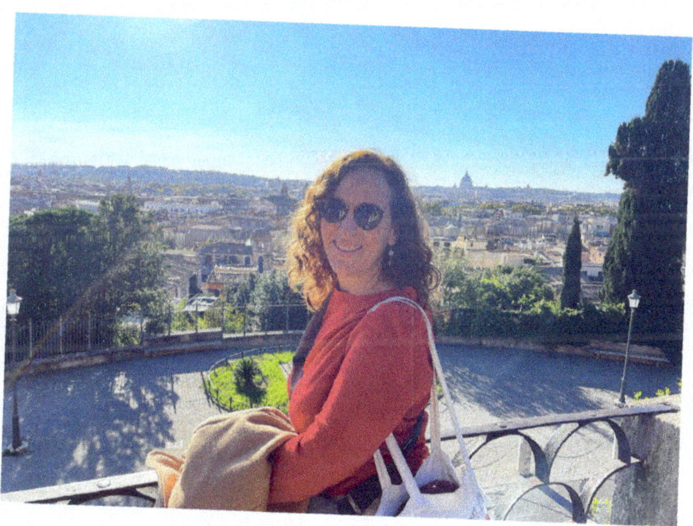

TEIL 1

Ankommen & Verstehen

Überblick – Die Ewige Stadt in Kürze

Rom, die Ewige Stadt, ist ein Mosaik aus Jahrtausenden. Antike Tempelruinen, prächtige Kirchenkuppeln und quirliges Straßenleben verschmelzen zu einem Panorama, das Vergangenheit und Gegenwart untrennbar verbindet. Jede *piazza*, jede Gasse erzählt ihre eigene Geschichte. Die Stadt am Tiber lädt dazu ein, durch Raum und Zeit zu streifen – immer im Rhythmus des modernen Italiens. Spätnachmittags, beim *aperitivo* mit der Familie, mit Freunden und Kollegen, könnte man fast glauben, selbst ein Teil dieser lebendigen Geschichte zu sein.

Rom verstehen – Charakter & Identität

Rom liegt in der Region Latium, die sich von der Küste des Tyrrhenischen Meeres bis ins fruchtbare Landesinnere erstreckt und unter anderem Städte wie *Fiumcino*, *Tivoli* und *Viterbo* umfasst. Zur Küste sind es nur etwa 25 Kilometer. Innerhalb der Stadtgrenzen leben mehr als 2,8 Millionen Menschen, ein Bruchteil davon im historischen Zentrum. Die Außenbezirke beherbergen den Großteil der Einwohner. Rom ist eine Metropole voller Kontraste: Antike Ruinen, mittelalterliche Gassen, Renaissance-Paläste und moderne Wohnviertel liegen oft nur wenige Schritte voneinander entfernt. Als politisches Zentrum Italiens, kulturelles Schaufenster und Heimat des Vatikanstaates, von dem aus der Papst die katholische Kirche leitet, genießt Rom weltweite Aufmerksamkeit.

Historie – vom Mythos zur Metropole

Die Römer lieben gute Geschichten. Kein Wunder also, dass man sich in den verwinkelten Gassen lieber den Mythos von Romulus und Remus erzählt als die trockenen historischen Fakten. Der Legende nach schlüpfte Rom 753 v. Chr. gleichsam aus *dem Ei:* Romulus und Remus, von einer Wölfin gesäugt, beschlossen, am Tiber eine Siedlung zu gründen. Im Streit erschlug Romulus seinen Bruder – und benannte die Stadt nach sich: Rom.

Tatsächlich verschmolzen mehrere kleinere Siedlungen, die sich auf den Hügeln um den Palatin befanden, um 750 v. Chr. zu einem städtischen Zentrum, aus dem sich das frühere Rom entwickelte. Im 1. Jh. v. Chr. war Rom bereits die beherrschende Macht am Mittelmeer; das Kolosseum, das Forum Romanum und zahllose Straßennetze erzählen noch heute von diesem Imperium.

Auch nach dem Fall Westroms im Jahr 476 n. Chr. blieb die Stadt geistiges Zentrum der Christenheit: Päpste ließen Kirchen errichten; Künstler wie Michelangelo und Raffael schufen Meisterwerke, die uns noch heute in Staunen versetzen. Renaissance und Barock formten Plätze und Paläste, die das Bild des *klassischen Roms* prägen. Seit 1870 ist Rom Hauptstadt Italiens.

Insidertipp: Der Vatikan – „Land innerhalb der Stadt"

Rom ist die einzige Stadt der Welt, die einen anderen Staat vollständig umschließt: den Vatikanstaat. Mit nur 0,44 Quadratkilometern ist dieser zugleich der kleinste Staat der Welt. Wer die Vatikanischen Museen besucht, betritt damit buchstäblich ein eigenes Land!

Kultur & Lebensart

Kulinarik

Die römische Küche ist eigenständig und bodenständig, ehrlich, ohne Schnörkel und tief verwurzelt in der Region. *Pasta Carbonara* (niemals mit Sahne oder Kochschinken!), *Cacio e Pepe* (Pasta mit Käse und Pfeffer – mein Favorit) oder *Carciofi alla Romana* (geschmorte Artischocke) gehören zum Alltag wie der abendliche *aperitivo*. Kaffee trinkt man im Stehen an der Bar; das ist das pure Rom-Erlebnis und oft günstiger als am Tisch.

Insidertipp: Pasta alla Carbonara

*Die berühmte **Pasta alla Carbonara** ist jünger, als viele denken. Erst nach dem Zweiten Weltkrieg tauchten Rezepte auf – vermutlich inspiriert von amerikanischen Soldaten, die Speck und Eier mitbrachten. Heute gilt die **Carbonara** als Inbegriff römischer Küche.*

La Dolce Vita & Alltagskultur

Der italienische bzw. römische Lebensstil, *la dolce vita*, steht für die Kunst, den Moment auszukosten: ein Plausch im Café, ein Bummel über die *piazza*, ein spontaner Abstecher in eine kleine Kirche voller Kunstschätze oder ein gemächlicher Spaziergang bei Sonnenuntergang. Das soziale Leben spielt sich in Rom draußen ab – auf Plätzen, in Bars, auf den Straßen. Ein zentraler Bestandteil ist die *passeggiata*, das abendliche Flanieren ohne festes Ziel: Man trifft Freunde, plaudert, beobachtet und wird gesehen. Religiöse Feste, Straßenmärkte und Fußball – allen voran AS Roma und SS Lazio – geben dem Jahr seinen Rhythmus. Rom offenbart sich nicht im Eiltempo, sondern im Innehalten – zwischen zwei Espressi, auf einer Bank, im Gespräch.

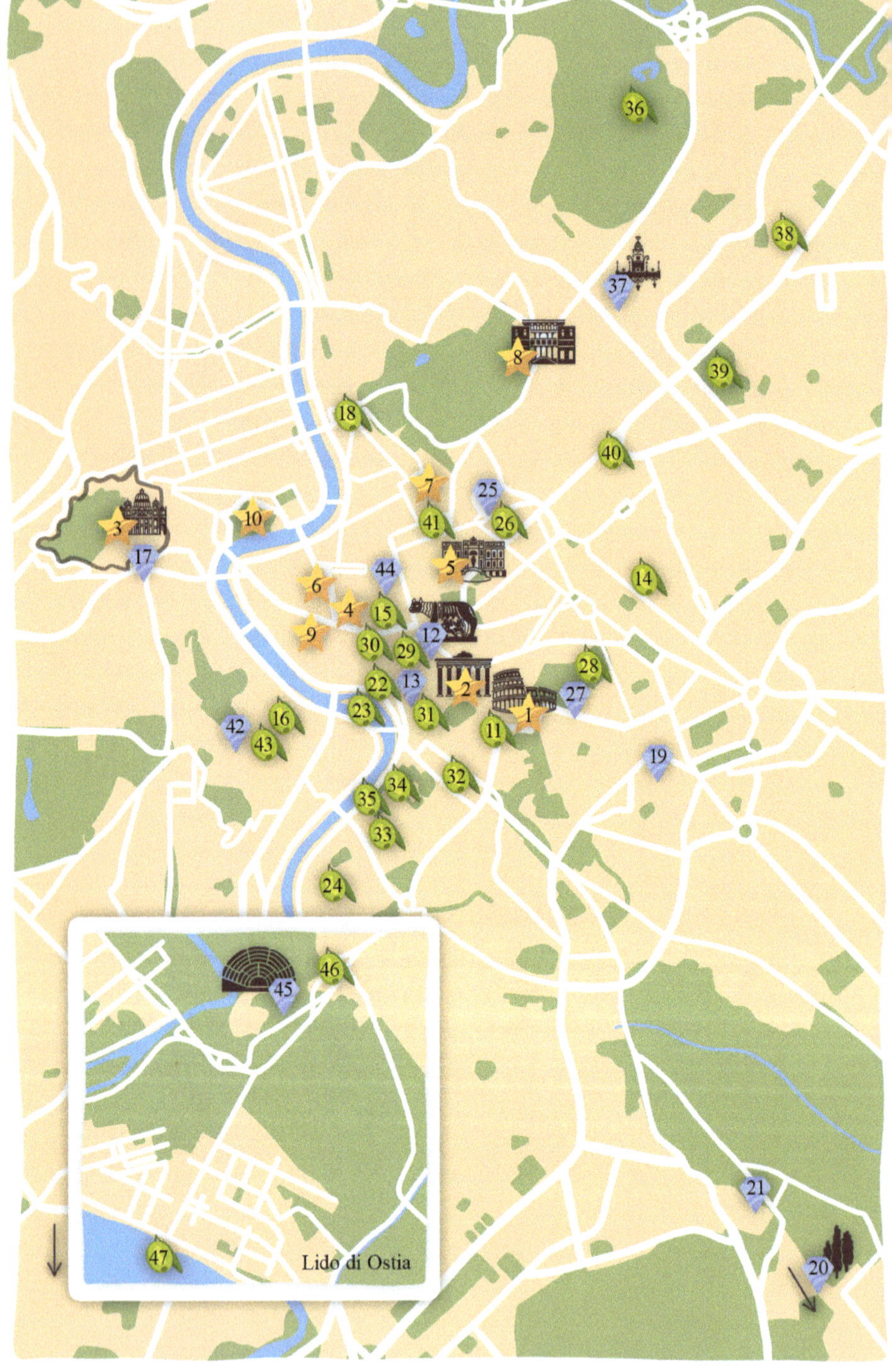

36
38
37
8
39
18
40
7
25
10
41
26
3
17
44
5
14
6
4
15
9
12
30
29
28
22
13
2
27
23
31
1
42
16
11
43
19
34
32
35
33
24
46
45
21
20
47
Lido di Ostia

Karte & Orientierung

Hier findest du alle im Reiseführer beschriebenen Sehenswürdigkeiten auf einen Blick.

Mit einem ⭐ sind die bekanntesten Klassiker markiert: Orte, die man gesehen haben sollte, wenn man in Rom ist.

Ein 💎 kennzeichnet die Juwelen der Stadt und zugleich die Highlights der Autorin, oft sind es verborgene Schätze abseits der Touristenpfade.

Das Symbol 🫒 steht für Orte abseits des Trubels: stille Plätze, charmante Ecken und kleine Entdeckungen, die Rom besonders machen, auch wenn sie nicht im Rampenlicht stehen.

⭐ 1 Kolosseum: Größtes jemals erbautes Amphitheater der römischen Antike - majestätisch, monumental und voller Geschichte (Seite 40)

⭐ 2 Forum Romanum und Palatin: Antikes Alltagsleben zwischen Tempelruinen und Triumphbögen – der Ort, an dem Rom begann (Seite 45,46)

⭐ 3 Petersdom & Vatikanische Museen: Die Sixtinische Kapelle, Michelangelos Kuppel, Raffaels Fresken – kein Ort vereint Kunst und Spiritualität so eindrucksvoll (Seite 59,61)

⭐ 4 Pantheon: Architektonisches Meisterwerk mit perfekter Kuppel – und Grabstätte großer Künstler wie Raffael (Seite 30)

⭐ 5 Trevi-Brunnen (Fontana di Trevi): Barockes Schmuckstück, an dem man seine Rückkehr nach Rom besiegelt (Seite 39)

⭐ 6 Piazza Navona: Einer der schönsten Plätze der Welt – mit Berninis Vierströmebrunnen (Seite 33)

7 Spanische Treppe & Piazza di Spagna: Berühmter Treffpunkt für Einheimische und Besucher gleichermaßen (Seite 86)

8 Galleria Borghese & Villa Borghese: Meisterwerke von Bernini, Caravaggio und Canova in einem herrlichen Park (Seite 82)

9 Campo de' Fiori: Morgens Markt, abends Treffpunkt. Der Campo de' Fiori zeigt das pulsierende römische Leben (Seite 35)

10 Engelsburg (Castel Sant'Angelo) & Ponte Sant'Angelo: Mausoleum Kaiser Hadrians und päpstliche Festung (Seite 35)

11 Konstantinsbogen (Arco di Costantino): Triumphbogen aus dem 4. Jh. n. Chr. (Seite 44)

12 Wolfsstatue Romulus und Remus (Lupa Capitolina): Symbol der Stadt Rom (Seite 47)

13 Piazza del Campidoglio & Cordonata: Von Michelangelo gestaltet mit Blick auf das Forum Romanum (Seite 47)

14 Mercato Centrale (Bahnhof Termini): Modernes Feinschmeckerparadies mit italienischen Spezialitäten (Seite 50)

15 Piazza della Minerva: Kleiner Platz hinter dem Pantheon, auf dem Berninis Elefant mit einem ägyptischen Obelisken balanciert (Seite 54)

16 Santa Maria in Trastevere: Eine der ältesten Kirchen Roms – mit goldschimmernden Mosaiken (Seite 58)

17 Campo Santo Teutonico (Friedhof der Deutschen): Versteckte Oase im Vatikan mit Grabstätten vieler deutscher Geistlicher (Seite 59)

18 Piazza del Popolo: Monumentaler Eingang zur Stadt mit Zwillingskirchen, Obelisk und Aussichtspunkt Pincio gleich daneben (Seite 66)

19 Lateranbasilika (San Giovanni in Laterano): Älteste Papstkirche Roms und offizieller Sitz des Papstes (Seite 68)

20 Via Appia Antica: Antike Straße gesäumt von Zypressen, Katakomben und Grabmälern (Seite 73)

21 Katakomben San Sebastiano: Unterirdisches Labyrinth frühchristlicher Gräber (Seite 70)

22 Theater des Marcellus (Teatro Marcello): Antikes Freilufttheater, das heute noch für Konzerte genutzt wird (Seite 77)

23 Tiberinsel & Ponte Fabricio: Kleine Insel mitten im Tiber, seit der Antike bewohnt – verbunden durch Roms älteste Brücke (Seite 78)

24 Testaccio-Viertel (Monte & Mercato Testaccio): Echtes Alltagsrom mit Märkten, Trattorien und Nachtleben (Seite 78)

25 Kapuzinergruft (Museo e Cripta dei Frati Cappuccini): Makaber und faszinierend zugleich – Gebeine kunstvoll arrangiert als Memento mori (Seite 87)

26 Galleria Nazionale d'Arte Antica: Prachtvolle Barockgemälde und Fresken in zwei Palästen – Kunstgenuss in edlem Rahmen (Seite 89)

27 Domus Aurea (Neros Goldener Palast): Reste von Neros luxuriösem Palast, dank Virtual-Reality-Führung in altem Glanz erlebbar (Seite 91)

28 Parco del Colle Oppio (Thermen des Trajan und Titus): Grüne Anhöhe über dem Kolosseum mit antiken Ruinen und Panoramablick (Seite 94)

29 Garten des Palazzo Venezia: Verstecktes Refugium mitten in der Stadt (Seite 99)

30 Nationalmuseum (Palazzo Venezia): Mittelalter- und Renaissancekunst in einem der ältesten Paläste Roms (Seite 100)

31 Santa Maria della Consolazione: Kleine Renaissancekirche am Fuße des Kapitols (Seite 103)

32 Circus Maximus (Circo Massimo): Einst Schauplatz der großen Wagenrennen, heute ein weitläufiges Freigelände für Spaziergänge (Seite 104)

33 Schlüsselloch des Aventin: Ein Blick durch das unscheinbare Schlüsselloch zeigt Petersdom, Garten und Himmel perfekt gerahmt (Seite 106)

34 Giardino degli Aranci (Orangengarten): Romantischer Park auf dem Aventin mit einem der schönsten Ausblicke über Rom (Seite 107)

35 Basilika Santi Bonifacio e Alessio: Ruhige Kirche mit beeindruckender Holztreppe und friedlicher Atmosphäre auf dem Aventin (Seite 106)

36 Villa Ada: Weitläufiger Park im Norden Roms – ideal für Spaziergänge, Picknicks oder Jogging abseits der Touristenpfade (Seite 109)

37 Viertel Coppedè (Trieste): Ein architektonisches Märchen aus Jugendstil, Barock und Fantasie – einer der charmantesten Orte Roms (Seite 111)

38 Basilika Sant'Agnese fuori le mura: Frühchristliche Kirche mit beeindruckenden Mosaiken und antikem Mausoleum (Seite112)

39 Villa Torlonia: Ehemalige Adelsresidenz mit märchenhafter Casina delle Civette und weitläufigem Park (Seite 113)

40 Porta Pia: Michelangelos letztes Werk – ein imposantes Stadttor mit historischem Museum (Seite 115)

41 Acqua Vergine-Aquädukt (Acquedotto Vergine): Antikes Aquädukt, das bis heute den Trevi-Brunnen speist – technische Meisterleistung aus der Antike (Seite 125)

42 Fontana dell'Acqua Paola (Brunnen der Paolina Wasserleitung): Monumentaler Barockbrunnen auf dem Gianicolo – mit fantastischem Blick über Rom (Seite 125)

43 Tempietto di San Pietro in Montorio: Kreisrunder Tempel im Innenhof der Kirche San Pietro in Montorio auf dem Gianicolo-Hügel (Seite 127)

44 Biblioteca Casanatense: Historische Bibliothek mit prachtvollem Lesesaal und kulturellen Veranstaltungen (Seite 132)

Außerhalb des Stadtzentrums

45 Archäologischer Park Ostia Antica: Ehemaliger Hafen Roms – heute eine beeindruckende, fast menschenleere Ruinenstadt voller Atmosphäre (Seite 118)

46 Castello di Giulio II: Mittelalterliche Festung am Eingang von Ostia Antica – mit Ausstellungen und herrlichem Ausblick (Seite 121)

47 Strand von Ostia (Lido di Ostia): Roms Tor zum Meer – perfekt für einen entspannten Nachmittag zwischen Sonne, Sand und *aperitivo* (Seite 122)

Villa Ada Parkanlage

TEIL 2
Erleben & Entdecken

Sehenswürdigkeiten & Viertel

Ikonen wie das Kolosseum und der Petersdom haben Rom weltberühmt gemacht. Doch die Stadt hat mehr zu bieten als Monumente: Jedes Viertel[1] hat seinen eigenen Charakter. In Trastevere treffen mittelalterliche Gassen auf lebendige Gastronomie; im eleganten Centro Storico reihen sich prächtige Palazzi und Plätze aneinander, während das moderne EUR-Viertel durch Architektur des 20. Jahrhunderts geprägt ist („EUR" steht für *Esposizione Universale di Roma*, also „Weltausstellung von Rom"). Wer durch Rom streift, entdeckt ständig Neues: von versteckten Brunnen über barocke Fassaden bis hin zu kleinen Kirchen voller Kunstschätze. Rom ist ein offenes Geschichtsbuch, an dem täglich weitergeschrieben wird. Wer also glaubt, Rom würde man anhand des Kolosseums und Petersdoms kennen, wird hier eines Besseren belehrt.

Klima & Reisezeit

Rom liegt in der mediterranen Klimazone. Die Sommer (Juni–August) sind heiß und trocken, oft um 30 °C oder heißer. Frühling und Herbst (April–Mai, September–Oktober) bieten mildes Wetter – die perfekte Ausgangslage für Streifzüge. Der Winter ist kühler, mit unregelmäßigem Regen, aber deutlich ruhiger.

1 Der Reiseführer konzentriert sich auf die populärsten der 22 Stadtteile im historischen Stadtzentrum.

Ausblick – Warum man immer wiederkommt

Rom lässt sich nicht in einem einzigen Besuch erschließen; die Stadt belohnt alle, die sich Zeit nehmen. Du wirst von Monumenten zu versteckten Höfen, stillen Kirchen und Aussichtspunkten geführt, die sprachlos machen. Jede Tour ist gespickt mit Highlights und bietet genug Raum, um die Atmosphäre der Stadt wirklich aufzunehmen. So wird jede Tour zu einer Entdeckungsreise, bei der sogar kleine Details unvergesslich werden.

TEIL 3

Planen & Vorbereiten

Unterkünfte: Tipps & Auswahl

Rom bietet Unterkünfte für jeden Geschmack: von charmanten Bed & Breakfasts über Apartments auf Airbnb bis hin zu noblen Hotels. Da die Suche nach dem geeigneten Bett höchst individuell ist, kann und möchte ich statt einer endlosen Linkliste lieber meine persönlichen Erfahrungen teilen.

1 ***Bewertungen prüfen:*** Achte nicht nur auf die Sterne, sondern vor allem auf authentische Gäste-Erfahrungen. Viele ehrliche Kommentare verraten mehr über Sauberkeit, Lage und Service als professionelle Fotos.

2 ***Echte Fotos erkennen:*** Achte auf aktuelle, unverfälschte Bilder von Zimmer, Bad, Küche oder von der Umgebung. Stockfotos sind ein Warnsignal.

3 ***Lage & Anbindung:*** Schau dir vorher an, welche Sehenswürdigkeiten auf deiner Liste stehen, und suche dir eine Unterkunft, die möglichst nah liegt; so sparst du wertvolle Zeit.

4 ***Kommunikation mit Gastgebern:*** Seriöse Unterkünfte antworten schnell und freundlich auf Fragen. So lassen sich Probleme oft schon im Voraus klären.

5 ***Flexibilität & Extras:*** Stornierungsbedingungen, Check-in-Zeiten, Frühstück oder kleine Annehmlichkeiten können entscheidend sein; wähle nach deinen Prioritäten.

Anreise & Mobilität

Einreisedokumente

Für die Einreise nach Italien benötigst du einen gültigen Personalausweis oder Reisepass. Staatsangehörige außerhalb der EU sollten prüfen, ob zusätzlich ein Visum erforderlich ist.

Auto, Bahn, Flugzeug, ÖPNV

Rom lässt sich auf verschiedenen Wegen gut erreichen: per Zug, Flugzeug oder Auto. Wenn du mit dem Auto anreist, lohnt es sich, das Fahrzeug nicht mitten ins Zentrum zu fahren. Die historischen Straßen sind eng, Parkplätze rar und viele Bereiche als *Zona a Traffico Limitato* (ZTL) gesperrt. Eine praktische Lösung: das Auto auf einem Park & Ride außerhalb abstellen oder sich einmalig per Navi zum Hotel bringen lassen und vorab klären, ob dort ein Parkplatz verfügbar ist. Innerhalb der Stadt bewegst du dich am besten zu Fuß oder mit öffentlichen Verkehrsmitteln, um das Flair der Straßen, Plätze und Gassen ungestört zu genießen.

Vom Flughafen Rom-Fiumicino ist die schnellste und bequemste Verbindung zum Hauptbahnhof Termini mit dem Leonardo Express. Die Züge verkehren täglich alle 15 Minuten zwischen 06:23 Uhr und 23:23 Uhr ab Fiumicino und zwischen 05:35 Uhr und 22:35 Uhr ab Termini. Tickets kosten 14 Euro pro Strecke und können online oder am Automaten gekauft werden (vor der Fahrt entwerten). Neben dem Leonardo Express fährt auch die günstigere FL1-Linie vom Flughafen; sie hält jedoch nicht an Termini, sondern an mehreren Stationen im Süden Roms.

Auch per Zug lässt sich Rom bequem erreichen. Tagsüber fahren schnelle EuroCity- und Frecciarossa-Verbindungen aus verschiedenen Städten Mitteleuropas nach Italien. Besonders charmant ist jedoch die Nachtzug-Option: Mit den Nightjet-Zügen der Österreichischen Bundesbahnen (ÖBB) fährst du zum Beispiel von München direkt nach Rom.

Busse und Straßenbahnen kommen nicht immer nach Fahrplan; plane Puffer ein.

Insidertipp: Anreise im Nightjet mit der Single Cabin

Buche dir eine Single Cabin, die sich auf Wunsch mit der Nachbarkabine verbinden lässt – perfekt, wenn ihr zu zweit reist und trotzdem etwas Privatsphäre möchtet. Du steigst abends entspannt ein, wachst morgens im Herzen von Rom auf und hast den ganzen Tag vor dir. Komfortabel, stressfrei und klimafreundlich zugleich.

Praktische Hinweise

Öffnungszeiten & Ruhetage

Montags sind viele öffentliche Museen geschlossen. *Siesta*-Effekt: Viele kleine Läden schließen mittags ein paar Stunden. Große Ketten und Supermärkte bleiben meist geöffnet. Kirchen haben oft eine Mittagspause (ca. 12:30-15:30 Uhr); kleinere schließen kürzer oder haben feste Zeiten. Für Besichtigungen empfiehlt es sich, die Mittagspause zu vermeiden, wenn du die Kirche in Ruhe besichtigen möchtest.

Eintritt & Tickets

Eintrittskarten für die beliebtesten Sehenswürdigkeiten immer vorab und ausschließlich bei den offiziellen Webseiten kaufen. Die Webseiten sind in diesem Reiseführer bei den jeweiligen Sehenswürdigkeiten zu finden. Vorsicht vor dubiosen Anbietern rund um die Sehenswürdigkeiten. Ignorieren und weitergehen. In einer Metropole wie Rom gibt es leider viele schwarze Schafe, die sich an dir bereichern wollen. Jeden ersten Sonntag im Monat sind viele Museen frei, z. B. auch das Pantheon. Auch wenn es verlockend ist, ein paar Euros zu sparen, empfehle ich aufgrund des hohen Andrangs andere Besuchstage mit festen Tickets und Zeitfenstern. Zeit ist kostbar in Rom; und Wartezeit raubt uns diese.

Kleiderordnung & Etikette

In Kirchen gilt, Schultern und Knie bedeckt zu halten. Besonders im Petersdom und in der Sixtinischen Kapelle (über die Vatikanischen Museen erreichbar) wird streng kontrolliert. Stell dich bitte auch darauf ein, dass es an einigen Hauptsehenswürdigkeiten Taschenkontrollen gibt.

Trinkwasser & Sicherheit

Die Römer nennen ihre Trinkbrunnen liebevoll *nasoni* – wegen des nasenförmigen Auslaufs, aus dem beständig frisches Trinkwasser fließt. Mit einer wiederauffüllbaren Wasserflasche bist du optimal für deine Streifzüge durch Rom versorgt. Rom ist insgesamt sicher, aber Taschendiebe sind ein Thema, vor allem in Bussen, am Bahnhof Termini und bei Sehenswürdigkeiten. Wertgegenstände nah am Körper tragen.

Geld, Trinkgeld & Bezahlung

Viele kleine Cafés und *trattorie* bevorzugen Bargeld, auch wenn Kartenzahlung fast überall möglich ist. Ein paar Münzen sind praktisch für das Trinkgeld (*la mancia*). Steht das *coperto* auf der Rechnung, ist das Trinkgeld bereits eingerechnet. In Cafés und Bars lässt man das Wechselgeld oft einfach auf dem Tresen liegen (z. B. 10–20 Cent beim Espresso). Im Restaurant gibst du, wenn du zufrieden warst, 5–10 Prozent zusätzlich. Das wird geschätzt, ist aber kein Muss. Aufrunden ist ebenfalls möglich, auch im Taxi. Für das Zimmermädchen gibt man im Hotel 1–2 Euro pro Nacht und für den Kofferträger 1–2 Euro pro Gepäckstück.

Souvenir-Verkäufer, Straßenverkehr, Steckdose etc.

Rund um die Sehenswürdigkeiten gibt es viele Verkäufer und Kostümierte, die sich regelrecht aufdrängen. Wenn freundliches Ablehnen nicht mehr hilft, einfach weggehen. In Rom gilt im Straßenverkehr *Augenkontakt* statt Ampel. Fußgängerüberwege werden nicht automatisch respektiert – immer vorsichtig überqueren. In Italien werden Stecker-Typen C, F und L verwendet. Viele Hotels haben kombinierte Steckdosen, aber ein Reisestecker-Adapter ist sinnvoll, besonders für Geräte mit Schutzkontakt-Stecker (Typ F). Bustickets gibt es in *tabacchi*-Läden (erkennbar am „T"-Schild) oder an Automaten, nicht beim Fahrer. Vor Fahrtbeginn unbedingt entwerten.

Insidertipp: Bargeldlos im ÖPNV

Seit 2023 kannst du Bus, Straßenbahn und U-Bahn ganz bequem mit kontaktloser EC- oder Kreditkarte bezahlen. Einfach Karte oder NFC-Gerät an das Lesegerät halten; die Fahrt wird automatisch abgerechnet. Kein Ticketkauf mehr nötig, perfekt für spontane Fahrten und kurze Wege durch die Stadt!

Insidertipp: Zutritt zu weniger bekannten Sehenswürdigkeiten

Einige Sehenswürdigkeiten abseits des Touristenstroms können für Touristen ohne einen Reiseleiter nur nach vorheriger telefonischer Anmeldung besichtigt werden. Dazu gehören unter anderem die in diesem Reiseführer genannten versteckten Schätze: ***Ludus Magnus*** *(Gladiatorenschule) oder* ***L'Acquedotto Vergine*** *(Aquädukt, das noch heute den Trevi-Brunnen speist). Für die Reservierungen muss man die offizielle Touristeninformation anrufen: +39 060608*

Insidertipp: Ohne Roma Pass, Omia Card & Co. zu einmaligen Erlebnissen

Immer wieder wird empfohlen, einen Roma Pass zu kaufen, um Geld zu sparen. Und, ja, je nachdem, was du planst, sparst du einige Euros. Aber die Pässe enthalten oft nur die Basistickets, so auch z. B. beim Kolosseum. Du hast dir diesen Reiseführer gekauft, weil du mehr erleben möchtest. Das exklusive Erlebnis, vom Dach des Kolosseums hinunter in die Arena zu blicken, würdest du mit einem der Pässe versäumen. Ich empfehle daher, die Tickets einzeln zu kaufen.

Weiterführende Links & Quellen

Roma Capitale (Stadtverwaltung)

Hier gibt es offizielle Infos zu Verwaltung, Dienstleistungen, Verkehr und auch zu kulturellen Angeboten *(www.comune.roma.it).*

Turismo Roma (Tourismus-Seite der Stadt Rom)

Die offizielle Tourismusplattform der Stadt mit Veranstaltungen, Sehenswürdigkeiten, Karten und praktischen Infos *(www.turismoroma.it).*

Ministero della Cultura (Italienisches Kulturministerium)

Für aktuelle Informationen zu Museen, archäologischen Stätten und Denkmälern *(www.beniculturali.it).*

Vatikanstadt

Offizielle Seite des Vatikans, mit Infos zu Museen, Gottesdiensten und Veranstaltungen *(www.vatican.va).*

TEIL 4
Auf Tour durch Rom

Jetzt, wo du schon ein Gefühl für die Stadt bekommen und alle wichtigen Infos erhalten hast, geht es ans Praktische: Ich habe dir insgesamt acht Touren zusammengestellt: zwei ausführliche **Zwei-Tages-Pläne** sowie **sechs Einzeltage**, die du flexibel kombinieren kannst.

So kannst du dir Rom nach deinem eigenen Zeitplan erschließen: Bist du zwei Tage in Rom (eine Übernachtung), wählst du einfach einen der fertigen Zwei-Tages-Pläne. Hast du mehr Zeit, setzt du die einzelnen Tage wie Bausteine zusammen – und erlebst die Stadt in drei, vier oder fünf Tagen ganz so, wie es dir passt.

Dabei geht es nicht nur um Sehenswürdigkeiten, sondern auch um das echte römische Lebensgefühl: lebendige *piazze* (Plätze), kleine Cafés, atemberaubende Aussichten und die Momente, die man sonst leicht übersieht.

Lass dich treiben, genieße die Stadt mit allen Sinnen, und folge mir durch das Herz Roms. Die Routen sind wie eine Einladung, Rom so zu entdecken, wie ich es selbst lieben gelernt habe.

TOUR 1
Klassiker, Kolosseum & echtes Stadtfeeling

DAS ERWARTET DICH

Zwei Tage Antike und römisches Flair. Du bekommst einen guten Mix aus Sightseeing und authentischem Stadtflair. Keinen Vatikan (von innen), aber das Kolosseum und Forum Romanum als Highlights.

TAG 1

Morgens, 10 Uhr in Rom. Auf dem Weg zu deiner Unterkunft, die optimal zwischen Trastevere und dem Pantheon liegt, staunst du über das geschäftige Treiben, die prunkvollen Gebäude und sehnst dich nach einem guten italienischen Kaffee.

Du gönnst dir einen Kaffee in der Nähe des **Pantheons**, vielleicht im **Caffè Sant'Eustachio**, einer echten Institution, oder in einem anderen Café deiner Wahl. Verpass auf keinen Fall das *cornetto*, ein Croissant-artiges Frühstücksgebäck. Klassisch wird es mit Marmelade oder *crema* (eine Art Puddingcreme) gegessen, aber auch die Pistazien- oder Schokoladenvarianten sind ein echter Gaumenschmaus.

Insidertipp: Authentische Cafés von Touristenfallen unterscheiden

Ein gutes römisches Café erkennst du daran, dass Einheimische ihr Frühstück entspannt genießen, schnell und routiniert bestellen und meist locker gekleidet sind. Kleine, unscheinbare Cafés mit frischem Gebäck in der Auslage und fairen Preisen (Espresso ~1–1,50 Euro, ***cornetto*** *~1,50–2,50 Euro) sind oft die besten.*

Nach der Stärkung steht der Besuch des berühmten **Pantheons** an, das sich auf der Piazza della Rotonda befindet. Später mehr zur Piazza.

Das heutige **Pantheon** wurde zwischen 118 und 125 n. Chr. unter Kaiser Hadrian erbaut. Es ist die dritte Version des Baus. Herzstück ist die gewaltige Kuppel, ein architektonisches Meisterwerk aus gegossenem Beton, deren Oculus als einzige Lichtquelle dient. Er symbolisiert die Verbindung zwischen irdischem Raum und Himmel und wird als *Auge des Himmels* verstanden. Eine Legende erzählt, dass der Teufel bei seiner Flucht das Loch in die Kuppel geschlagen haben soll. Sollte es regnen, fließt das Wasser über ein Drainagesystem im Boden ab – ein bauliches Wunder.

Neben den Ruhestätten der italienischen Könige Vittorio Emanuele II. und Umberto I. liegt das Grab des berühmten Malers und Architekten Raffael mit der Inschrift *Ille hic est Raphael („Hier liegt jener Raffael")*.

Ein Audioguide bietet umfassende Informationen über die architektonische Raffinesse des Gebäudes. Oder du legst einfach den Kopf in den Nacken und staunst.

 *täglich 09:00–19:00 Uhr, letzter Einlass 18:30 Uhr*

 *30–45 Minuten*

 *Erwachsene 5 €, mit Audioguide 10 €*

 *https://www.museiitaliani.it/musei/33f77159-0acd-40c4-8524-701f33aae108*

*QR-Code scannen und direkt dein **Pantheon-Ticket** buchen!*

Insidertipp: Rosenblattregen im Pantheon

Jedes Jahr am Pfingstsonntag lassen die Feuerwehrleute von Rom (Vigili del Fuoco) durch den Oculus des Pantheons Tausende rote Rosenblätter ins Innere fallen, die die Feuerzungen des Heiligen Geistes symbolisieren. Der Effekt der langsam hinabschwebenden Blätter, die sich zu einem roten Teppich legen, ist spektakulär. Der Eintritt zur Pfingstmesse ist frei, aber der Andrang groß. Frühzeitig da sein lohnt sich.

Rom ohne *piazze*? Unvorstellbar. Die Plätze sind weit mehr als nur offene Flächen zwischen Gebäuden – sie sind das pulsierende Herz der Stadt bzw. Orte, an denen Geschichte, Kunst und Alltag aufeinandertreffen. Das Pantheon thront auf der **Piazza della Rotonda**. Das ist ein sehr belebter Platz mit dem **Fontana del Pantheon**, einem Renaissancebrunnen, auf dem sich ein ägyptischer Obelisk erhebt.

Viele *piazze* gehen auf antike Foren zurück, die einst Zentren für Politik, Handel und Religion waren. Sie wurden später in der Renaissance und im Barock kunstvoll gestaltet, um Kirchen, Paläste oder Denkmäler in Szene zu setzen. Sie gleichen lebendigen Bühnen; Straßenkünstler, Cafés und das bunte Treiben der Besucher machen die Plätze zu einem authentischen Treffpunkt. Wer Rom zu Fuß erkundet, merkt schnell, dass eine *piazza* nicht nur Orientierung bietet, sondern der ideale Ort ist zum Verweilen, Fotografieren oder einfach dafür, das typische römische Lebensgefühl zu spüren.

Nachdem du nun die Bedeutung der *piazze* kennst, lassen wir das Pantheon hinter uns und begeben uns in westliche Richtung zu einem absoluten Highlight, der

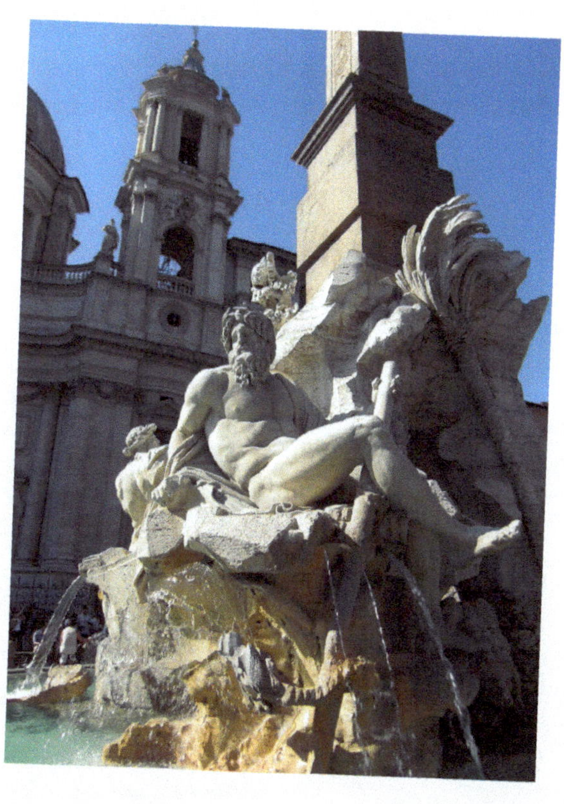

Der Vierströmebrunnen: Berninis barocke Darstellung der großen Flüsse der damaligen Welt

Piazza Navona, wo uns Gian Lorenzo **Berninis Fontana dei Quattrop Fiumi**, bei uns besser bekannt als **Vierströmebrunnen** erwartet. Bernini verlieh den Figuren dramatische Posen, um Bewegung und Lebendigkeit zu erzeugen, sodass die vier damals wichtigsten Flüsse (Nil, Ganges, Donau und Río de la Plata) wie lebendige Kräfte wirken. Jedes Detail (Tiere, Pflanzen, Gesten) verweist auf die typischen Merkmale der jeweiligen Kontinente. Vielleicht kennst du ihn sogar aus der Verfilmung des Weltbestsellers *Illuminati* von Dan Brown mit Tom Hanks in der Hauptrolle.

Der frühe Nachmittag ist die beste Zeit für einen authentischen römischen Imbiss, zum Beispiel in der urigen und charmanten **La Focaccia** in der Via della Pace, nahe der Piazza Navona. Möchtest du das Flair der Piazza Navona genießen, rechne ein paar Euro mehr für die Lage ein.

Insidertipp: Authentische Lokale und Restaurants finden

Achtung bei Lokalen, deren Personal draußen in mehreren Sprachen wirbt; es handelt sich oft um Touristenfallen. Gute Zeichen: einheimische, lokal beliebte Gerichte wie Carbonara (Speck-Ei-Pasta), Amatriciana (Tomaten-Speck-Pasta), Cacio e Pepe (Käse-Pfeffer-Pasta) oder Carciofi alla Giudia (Artischocken).

Der Campo de' Fiori: tagsüber Markt, abends beliebter Treffpunkt

Alternativ kannst du auch einen Abstecher zum wenige Gehminuten entfernten **Campo de' Fiori** mit seinen bunten Marktständen machen, an denen Blumen, allerlei Krimskrams und frische Lebensmittel feilgeboten werden. Historisch berühmt ist er als Ort der Hinrichtung von Giordano Bruno und als mittelalterliches Handelszentrum. Heute kannst du hier einen typischen römischen Snack wie einen frisch zubereiteten **Supplì** genießen: ein knuspriges Reisbällchen, klassisch gefüllt mit Tomatensauce und Mozzarella. Viele kleine Bäckereien und Imbisse rund um den Platz bieten diese Spezialität an. Trotz Tourismus vermittelt der Platz noch immer einen Eindruck von Roms Geschichte.

Blick auf die Engelsburg von der Engelsbrücke aus

Flaniere Richtung Norden zum **Castel Sant'Angelo**, bei uns besser bekannt als Engelsburg. Bereits die Überquerung der **Ponte Sant'Angelo** (Pass auf den Straßenverkehr auf!) mit ihren prächtigen Engelsstatuen von Bernini ist ein echter Blickfang. Eine historische Anekdote erzählt, dass im Heiligen Jahr 1450 das Geländer der Brücke wegen eines Unfalls mit dem weißen Maultier, auf dem Papst Nikolaus V. gesessen habe, durchgebrochen sei und mehrere Menschen in den Fluss gestürzt seien. Die Engelsburg ist ein imposantes Bauwerk mit weitreichender Geschichte. Einst war sie Mausoleum, Papstresidenz und Gefängnis; nun ist sie vor allem wegen der Aussicht und der Figur des Erzengels Michael beliebt.

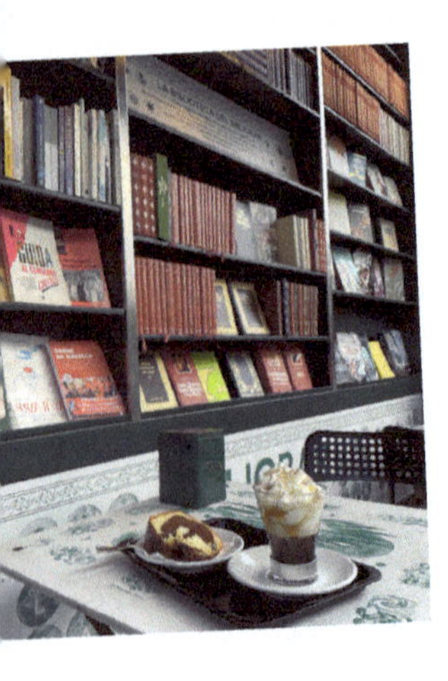

Insidertipp: Das Büchercafé am Tiber

Mein Lieblingsort am Tiber ist das ***Biblio Café****, ein Büchercafé mit kleiner, aber feiner Getränke- und Snackkarte. Es befindet sich rechts vom Haupteingang der Engelsburg. Am Flussufer bieten Händler diverse Souvenirs an. Ein Blick lohnt sich.*

Danach geht es zum **Vatikan**, um unter anderem den Petersplatz und den **Petersdom** zu sehen, bevor du den Abend entspannt in den charmanten Gassen von Trastevere ausklingen lässt. In Trastevere kannst du einen *aperitivo* oder ein Abendessen in einer kleinen, authentischen Osteria genießen, zum Beispiel in der **Osteria da Zi Umberto** (Beachte dabei, dass die Italiener deutlich

später essen als wir in Deutschland, oft erst ab 20 Uhr!). Trastevere ist eines der charmantesten Viertel Roms: Früher ein Fischerviertel, heute das lebhafteste Viertel Roms mit engen Gassen, Lichterketten und plaudernden Grüppchen. Hier lässt sich das römische Alltagsleben besonders gut erleben.

Insidertipp: Straßenfest in Trastevere

Ein abendlicher Besuch von Trastevere lohnt sich. Besonders in den Sommermonaten finden sich auf den Plätzen, z. B. auf der Piazza Santa Maria, Straßenmusiker ein, die zum Mitsingen und Tanzen animieren. Eine unverwechselbare Stimmung!

Insidertipp: Der beliebte Aperitivo

Der ***aperitivo*** *ist in Italien – und damit auch in Rom – mehr als nur ein Getränk. Er ist ein kleines Ritual, das den Übergang vom Arbeitsalltag zum Abend einläutet sowie zu Geselligkeit und zum Verweilen einlädt. Klassischerweise wird ein leicht bitteres oder aromatisches Getränk wie Aperol Spritz, Campari Soda, Negroni oder Vermouth oder eine jeweils alkoholfreie Variante davon bestellt. Dazu werden Snacks serviert: Nüsse, Oliven oder Chips. Oder Häppchen wie Sandwiches, Crostini, Bruschetta, Käse und Schinken. In vielen Bars werden die Snacks gratis oder gegen einen geringen Aufpreis gereicht. In modernen Lokalen hat sich der* ***aperitivo*** *in den letzten Jahren zu einem Mini-Buffet entwickelt, das schon fast ein Abendessen ersetzt.*

Der krönende Abschluss des Tages ist der weltberühmte **Trevi-Brunnen.** Je später du dort bist, desto besser: Ohne die Masse an Touristen glitzert das Wasser im Licht der Laternen; und die Figuren wirken beinahe lebendig. Mit der rechten Hand wirfst du eine Münze über die linke Schulter – ein magischer Moment, der den Tag perfekt abrundet. Ursprünglich war dies ein symbolisches Opfer an die Wassergötter, insbesondere an Neptun, den römischen Gott des Meeres. Wer dem Gott Dankbarkeit oder eine Wunschgabe darbrachte, erhielt Schutz, Glück und – im Fall der Trevi-Brunnen-Münze – die Garantie, eines Tages nach Rom zurückzukehren.

Trevi-Brunnen bei Nacht – Lichter und Schatten verleihen der Barockfassade besondere Tiefe

Flussgott, Teil der barocken Darstellung der Weltgewässer

Heutzutage ist der Brauch ein charmantes Ritual für Touristen. Die täglich gesammelten Münzen werden für soziale Projekte verwendet. Wer seine Münze wirft, beteiligt sich also an einer jahrhundertealten Tradition und unterstützt zugleich die Stadt, die ihn verzaubert hat.

TAG 2

Die Silhouette des **Kolosseums** ist genauso weltberühmt wie die Geschichten der Gladiatoren, die dort kämpften. Sie hat etwas Magisches an sich: Wenn man durch Rom schlendert und plötzlich das Kolosseum auftaucht, bleibt man automatisch stehen. Schon lange bevor Hollywood es mit *Gladiator* unsterblich machte, war es ein Magnet für Menschen aus aller Welt: die gewaltigen Bögen mit seinen Statuen, die massiven Stufen, die Umrisse, die jeder sofort erkennt.

Der Bau dieses monumentalen Werkes erfolgte in Etappen. Der Abschluss der ersten drei Reihen wurde 80 n. Chr. mit einem prunkvollen Fest gefeiert, das 100 Tage währte und bei dem 5000 Tieropfer dargebracht wurden. Domitian vollendete später das Gebäude in allen Einzelheiten. Das weltgrößte Amphitheater ist 50,1 Meter hoch; der größte Durchmesser der ellipsenartigen Arena beträgt 188,1 Meter, der kleinste 156 Meter. Das Kolosseum bot Platz für circa 50 000 bis 70 000 Zuschauer, vergleichbar mit einem heutigen Stadion.

Im Inneren kann man sowohl die unterirdischen Kellerräume als auch die Aufzüge entdecken, durch die die Gladiatoren, wilden Tiere und Kulissen in die Arena gelangten. Hier wurde buchstäblich um das Leben gekämpft. Die Arena war berüchtigt für ihre blutigen Spiele, in denen Gladiatoren kämpften, Tiere gejagt wurden und manchmal ganze Inszenierungen von Schlachten stattfanden. Eine morbide Mischung aus Spektakel, Macht und Grausamkeit, die bis heute fasziniert. Ich liebe es, umherzustreifen, den Blick über die Arena schweifen zu lassen und zu spüren, wie die Geschichte in den Mauern nachhallt.

Das Kolosseum gehört mit rund 6-7 Millionen Besuchern pro Jahr zu den weltweit meistbesuchten Sehenswürdigkeiten und liegt bei den antiken Monumenten auf Platz 1. Das beste Foto von dir und dem Kolosseum kannst du von der leicht erhöhten **Via Nicola Salvi** aus machen (vom Haupteingang aus links halten, Richtung Piazza del Colosseo).

Seit Oktober 2025 ist das Kolosseum um eine Attraktion reicher. Du kannst im Rahmen spezieller Führungen den „Gang des Commodus" erkunden, einen unterirdischen Zugang, der einst die Ehrentribüne mit dem Außenbereich verbunden hat. Besonders faszinierend sind die engen, dunklen Mauergänge und Durchgänge, die einen direkten Blick hinter die Kulissen antiker Gladiatorenshows erlauben.

Innenaufnahme des Kolosseums: Arena und Zuschauerränge

Innenansicht eines Kolosseums-Gangs mit Licht- und Schattenwirkung

Insidertipp: Das beste Ticket fürs Kolosseum

*Buche frühzeitig dein Ticket, am besten für den **attic**, das dir Zugang zu den obersten Stockwerken gewährt. Von dort überblickt man die ganze Arena aus einer Perspektive, die einem den Atem raubt. Bewahre das Ticket gut auf, denn es ist gleichzeitig Eintrittskarte für das Forum Romanum.*

Insidertipp: Audioguide im Kolosseum und Forum Romanum

*Die offizielle App des Kolosseums, **MyColosseum**, bietet kostenlose, interaktive Audioguides in Englisch und Italienisch. Sie funktioniert direkt auf deinem Smartphone; du musst nichts abholen oder zusätzlich bezahlen. Die App folgt dir automatisch entlang der Besuchsrouten, einschließlich des Erdgeschosses, der mittleren Galerie und des Obergeschosses.*

 *08:30–16:30 Uhr (Schließzeit variiert nach Jahreszeit)*

 *1,5–2 Stunden*

 *Basisticket Erwachsene 18 €,*
Untergrund oder Attic 24 €

 *https://ticketing.colosseo.it/en/*

*QR-Code scannen und direkt dein Ticket für das **Kolosseum** und das **Forum Romanum** buchen („Full Experience Ticket with Entry to the attic of the Colosseum")!*

Von der Via Nicola Salvi umkreist du das Kolosseum, bis du den **Arco de Costantino** erreichst, den Konstantinbogen. Dieser Triumphbogen wirkt fast so, als wäre er eigens platziert, um das Kolosseum noch eindrucksvoller wirken zu lassen. Im Jahr 315 n. Chr. errichtet, feiert er den Sieg Konstantins. Doch das Faszinierende ist: Viele seiner Reliefs stammen von älteren Monumenten anderer Kaiser. So erzählt der Bogen wie ein Puzzle aus Stein gleich mehrere Epochen der römischen Geschichte auf einmal. Und während er auf den ersten Blick nur ein

Triumphmal ist, markiert er zugleich einen Wendepunkt: Mit Konstantin beginnt der Aufstieg des Christentums – und damit eine neue Ära für Rom und die ganze Welt.

Du lässt das Kolosseum und den Konstantinbogen hinter dir und schlenderst die **Via di San Gregorio** hinauf zum Eingang des Palatin-Hügels. Mit dem Kombi-Ticket fürs Kolosseum kannst du dort hinein und entscheiden, ob du zuerst den Palatin mit seinen kaiserlichen Palastanlagen, ruhigen Terrassen und grandiosen Blicken auf das Forum erkundest oder gleich ins Forum hineingehst. Wenn du Zeit hast, lass dich einfach treiben. Hier gibt es an jeder Ecke etwas zu entdecken. Nutze den Audioguide des Kolosseums für geschichtliches Hintergrundwissen.

Oben auf dem **Palatin** spürt man sofort die Magie der ewigen Stadt. Zwischen den Ruinen der Paläste, Gärten und Terrassen eröffnet sich ein Panorama auf das Forum, das Kolosseum und die umliegenden Hügel. Du erlebst einen Moment, der dich direkt in die Vergangenheit katapultiert. Hier residierten vor über 2000 Jahren die mächtigsten Männer Roms, während sich unten im Forum das geschäftige Treiben unaufhörlich fortsetzte.

Übrigens war das Forum alles andere als bequem: Der Boden war sumpfig und uneben, weswegen die ersten Siedlungen auf den umliegenden Hügeln gegründet wurden. Ein Tanz auf dem Drahtseil für die antiken Römer, die hier Märkte, Zeremonien und Reden abhielten.

Das **Forum Romanum** ist wie ein offenes Geschichtsbuch: Jeder Tempel, jeder Bogen erzählt von Triumphzügen, politischen Debatten und religiösen Zeremonien. Meine Highlights sind der **Tempel des Saturn**, die **Curia** (der Senatssitz) und der Tempel von **Castor und Pollux**, der immer wieder meine Fantasie beflügelt (siehe Seite 2 für ein Detailfoto der erhaltenen Säulen des Tempels der Zwillingsbrüder). Auch der Bogen von **Septimius Severus** ist ein echter Hingucker; filigran und majestätisch zugleich meißelt er die Siege Roms in Stein. Wer genau hinsieht, entdeckt noch Pflasterreste, Säulenbasen und Inschriften. Geschichte wird hier greifbar.

Forum Romanum: politisches, wirtschaftliches und religiöses Zentrum der Antike

Für eine kleine Pause oder Erfrischung gibt es im Forum keine Cafés; aber am Eingang des Palatins findet man meist Trinkwasserspender. Wer hungrig ist, sollte kleine Snacks einpacken. Eine Pause auf einer der Terrassen mit Blick auf die Ruinen ist ein echter Geheimtipp.

Der Besuch von Palatin und Forum ist ein Erlebnis für alle Sinne: Man hört die Stimmen der Touristen, sieht die Schatten der alten Säulen im Sonnenlicht tanzen und riecht die Erde und die Pflanzen auf den Terrassen. In diesem Moment fühlt man sich selbst als Teil der ewigen Stadt. Wer sich Zeit nimmt, geht nicht nur mit Fotos nach Hause, sondern mit einem echten Gefühl für das antike Rom, das bis heute in jedem Stein spürbar ist.

 *09:00–16:30 Uhr (im Winter ab 09:30 Uhr, Schließzeit variiert nach Jahreszeit)*

 *1,5–2 Stunden*

 *im Kolosseum-Ticket inklusive*

 *https://ticketing.colosseo.it/en/*

*QR Code scannen und für einen Einzelbesuch des **Forum Romanum** den „Forum Pass SUPER" buchen!*

Nach deiner Tour durch das Forum Romanum gehst du am besten **Richtung Via di San Gregorio**. Der Ausgang befindet sich rechts hinten, nahe dem **Tempel des Antoninus und der Faustina**, dort, wo das Gelände leicht abfällt und Treppen hinunter zur Straße führen. Folge einfach den Ausgangsschildern Richtung **Piazza del Campidoglio.** Auf der von Michelangelo entworfenen Piazza del Campidoglio steht sie: die berühmte Wolfsstatue mit **Romulus und Remus**. Die beiden Zwillingsbrüder, gesäugt von der Wölfin, verkörpern den Gründungsmythos Roms – Stärke, Schicksal und der Beginn einer Stadt, die die Welt verändern sollte. Typisch römisch ist die Mischung aus Mythos und Macht: Über Jahrhunderte taucht die Szene sowohl auf Münzen als auch in Reliefs und Statuen auf.

Die Wölfin mit den Zwillingen Romulus und Remus – legendäres römisches Motiv

Insidertipp: Nachtsicht auf das Forum Romanum

Dreh dich vor der Statue zur oberen Terrasse einmal um: Von dort bietet sich ein dramatischer Blick auf das Forum Romanum. Besonders schön bei Nacht!

Wenn du die **Piazza del Campidoglio** verlässt, führt dich der Weg hinunter über die **Cordonata**. Diese monumentale Treppe wurde ebenfalls vom Großmeister Michelangelo entworfen. Rechts entlang der **Via dei Fori Imperiali**, dann links in die lebhafte **Via del Corso**; und nach etwa fünf bis sieben Minuten zu Fuß siehst du schon die verlockenden Schilder von **Venchi**, eine der besten Adressen für *gelato* und Schokolade. Perfekt, um den Moment der *dolce vita* zu genießen.

Insidertipp: Echtes gelato erkennen

Echtes römisches ***gelato*** *erkennst du an dezenten, natürlichen Farben und einer cremigen Konsistenz. Grelle Farben oder hohe Eisberge in bunten Auslagen sind meist Touristenfallen. Achte auf Metallbehälter, aus denen das Eis mit einer Kelle serviert wird, und kleine, handwerkliche Läden, in denen Einheimische Schlange stehen. Meine liebste* ***gelateria*** *ist* ***La Romana dal 1974****.*

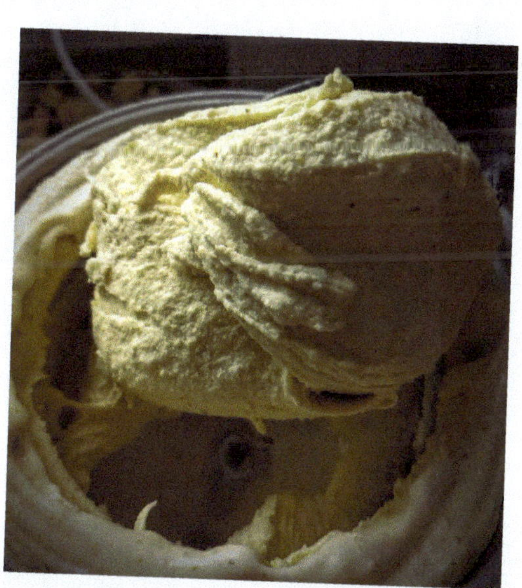

Wenn du vom **Bahnhof Termini** abreist, lohnt sich ein Abstecher in den **Mercato Centrale**, den modernen Foodmarkt im Bahnhofsgebäude, der noch einmal wahrhaft kulinarisches Rom bietet. Hier kannst du letzte Spezialitäten probieren oder dir etwas für den Flug mitnehmen. Von Pizza al taglio über frische Pasta bis hin zu römischem Streetfood gibt es für jeden Geschmack den passenden Snack.

TOUR 2
Vatikan, Petersdom & Kunstschätze

DAS ERWARTET DICH

Zwei Tage himmlisches Rom: Du erlebst hautnah einen lebendigen Mix aus antiken Bauwerken, pulsierendem Stadtflair und den Kunstschätzen des legendären Vatikans.

Streng genommen, hat Rom nicht nur zwei Gründungsväter, sondern vier. Neben Romulus und Remus sind die beiden **Apostel Petrus und Paulus** maßgeblich für die Entstehung Roms verantwortlich, wie wir es heute kennen. Die Geschichte der katholischen Kirche ist untrennbar mit der römischen Stadtgeschichte verbunden. Petrus gilt als erster Bischof von Rom und somit als der erste Papst. Sein Grab liegt in der nach ihm benannten Kirche, dem **Petersdom**. Paulus predigte und schrieb Briefe, die Teil des Neuen Testaments wurden und zur Verbreitung des Christentums beitrugen. So tragisch ihr Lebensende auch war – beide Apostel erlitten unter Kaiser Nero das Martyrium und wurden ca. 64–67 n. Chr. hingerichtet –, die Wurzeln der katholischen Kirche liegen wegen der beiden in Rom. Und das spürt man an jeder Straßenecke.

Rom beherbergt über 900 Kirchen, was die Stadt zur weltweit größten Ansammlung katholischer Gotteshäuser macht. Zählt man entweihte Kirchen sowie private Kapellen in Palästen oder Klöstern mit, steigt die Zahl auf etwa 1500.

Zweifelsohne ist ein Besuch Roms ohne den **Vatikan** möglich; doch der kleinste Staat der Welt ist mehr als nur das Zuhause des Papstes. Die **Vatikanischen Museen** beherbergen eine einzigartige Sammlung von Kunstwerken, die von der Antike bis zur Renaissance reicht, darunter die **Sixtinische Kapelle**, die Raffael-Säle und zahlreiche Skulpturen. Für Liebhaber dieser Epochen gilt ein Besuch als ein absolutes Highlight, ein Erlebnis, das man so nur in Rom findet. Diese Tour widmet sich am zweiten Tag dem Vatikan und seinen besonderen Sehenswürdigkeiten.

TAG 1

Doch zunächst einmal kommst du in Rom an und genießt *la dolce vita*, das süße Leben. Deine Unterkunft liegt bestenfalls im Centro Storico zwischen Pantheon, Piazza Navona und Trevi-Brunnen; alternativ kannst du mit dem ÖPNV zum ersten Stopp des Tages fahren: dem Pantheon. Die Linien **Bus/Tram 62, 63, 64, 40 und 81** bringen dich ins historische Zentrum.

Am **Pantheon** und der **Piazza della Rotonda** spürt man sofort die besondere Atmosphäre des historischen Roms. Ein idealer Moment für einen kurzen Stopp und einen Espresso bei **Tazza d'Oro – La Casa del Caffè al Pantheon**, einer traditionsreichen Kaffeerösterei direkt neben dem Pantheon. Seit 1944 werden hier hochwertige Kaffeebohnen in einzigartigen Mischungen geröstet; besonders bekannt ist die Mischung **„La Regina dei Caffè"**, ein Klassiker der Rösterei.

Für Italiener ist der Espresso mehr als nur ein Getränk – er ist ein tägliches Ritual und ein Symbol der italienischen Lebensart. In Rom wird er oft besonders intensiv als *ristretto* serviert, einer konzentrierten, aromatischen und oft eleganteren Variante des Standard-Espressos.

Insidertipp: Therme von Agrippa

Wenige Schritte vom Tazza d'oro entfernt erwarten dich die Ruinen der ***Terme di Agrippa*** *(Via dell'Arco della Ciambella 8). Öffentliche Bäder wie dieses wurden bereits um 25 v. Chr. von Marcus Vipsanius Agrippa errichtet und waren ein zentraler Treffpunkt der Römer, sozusagen das soziale Wohnzimmer der Antike. Heute sind nur noch einige Ruinenreste sichtbar. Doch ein kurzer Blick lohnt sich: Abseits der Touristenpfade kannst du ein Stück römische Geschichte erleben.*

Weiter geht es zur **Piazza Navona**, einem der lebendigsten Plätze Roms. Du bewunderst **Berninis Fontana dei Quattro Fiumi (Vierströmebrunnen)**, dessen Wasser sich aus vier Flüssen speist und die Lebendigkeit der Stadt perfekt widerspiegelt (mehr auf Seite 33). Straßenkünstler unterhalten die Menge, Musik mischt sich mit dem Stimmengewirr der Besucher, und in der Luft liegt der Duft von süßem *gelato*.

Nach diesem Stopp schlenderst du durch die **kleinen, verwinkelten Gassen des Centro Storico** und entdeckst versteckte Plätze wie die **Piazza della Minerva** mit Berninis berühmtem **Elefanten**, der einen Obelisken trägt. Die Geschichte des Elefanten erheitert mich jedes Mal aufs Neue: Bernini stellte ihn so auf, dass dessen Hinterteil leicht zur Fassade der Kirche **Santa Maria sopra Minerva** zeigt – ein subtiler Hinweis darauf, dass sogar

Nahaufnahme der barocken Elefantenfigur auf der Piazza della Minerva

große Kunst und Machtfiguren ihre verspielte Seite hatten (und, ja, man ließ es ihm durchgehen). Die Kirche ist einen Besuch wert: Gotische Architektur, Michelangelos *Cristo della Minerva* und prächtige Deckengemälde erwarten dich, oft übersehen, während alle nur auf den Elefanten schauen.

In den umliegenden Gassen findest du eine Fülle versteckter Cafés und *gelaterie*, aber auch kleine Lädchen mit römischem Handwerk (zum Beispiel eine winzige Papeterie mit handgemachten Notizbüchern oder einen Keramikladen), in denen du liebevoll gefertigte Souvenirs kaufen kannst. Das Bummeln durch solche Lädchen gehört für mich zu den schönsten Arten von Zeitvertreib in Rom. Natürlich weiß ich nicht, ob es wirklich so passiert ist, aber ich stelle mir Folgendes vor: Michelangelo schlenderte durch diese Gassen, von den Lichtern, Türen und Fassaden so begeistert, dass er mitten auf der Straße sein Skizzenbrett aufstellte. Die Einheimischen blieben staunend stehen; die neugierigen Touristen wurden so zu seinem Publikum. Vielleicht entstand aus solchen Momenten Inspiration für die Werke, die wir heutzutage bewundern. Die Faszination ist jedenfalls nachvollziehbar.

Wer genau hinschaut, entdeckt in beinahe jeder Gasse antike Säulenreste, kleine Obelisken und kunstvolle Türen, die Geschichten aus der römischen Vergangenheit erzählen. Nur wenige Schritte von der Piazza della Minerva entfernt liegen auch **San Luigi dei Francesi** oder die **Via del Gesù**, wo barocke Fassaden, Fresken und Skulpturen auf dich warten.

Aber was wäre Rom ohne seine weltberühmten Highlights? Dein Weg führt dich zum Trevi-Brunnen. Doch es würde mich nicht wundern, wenn du der Schönheit dieses majestätischen Bauwerks vor lauter Menschen kaum Beachtung schenken kannst.

Insidertipp: Trevi-Brunnen von oben

Geh in das Ladenlokal von ***United Colors of Benetton****, direkt gegenüber dem Brunnen. Von dort aus kannst du die Menschenmassen geschickt umgehen und hast gleichzeitig einen wunderbaren Blick auf das sprudelnde Wasser, die barocken Figuren und die Architektur. Perfekt, um Fotos ohne Gedränge zu machen.*

Anschließend beginnt ein Spaziergang Richtung **Kolosseum**. Über die **Via dei Fori Imperiali** kommst du vorbei an antiken Ruinen und beeindruckenden Säulenreihen, während die Silhouette des Kolosseums langsam näherrückt. Auch wenn du heute nicht hineingehst, wirkt die Arena von außen gewaltig. Dieser Ort hat schon Generationen von Reisenden fasziniert.

Du hast Lust auf einen unvergesslichen *aperitivo*? Dann besuche die **Rooftop-Bar „The Court"** im Palazzo Manfredi. Sie bietet einen direkten Blick auf das Kolosseum und die antike Gladiatorenschule Ludus Magnus. In dieser Rooftop-Bar kann man bei einem Glas Wein oder Cocktail die römische Abendstimmung atmen. Reservierung dringend empfohlen (*thecourtrome.it*).

Wenn du so wie ich eher der Typ für *low budget* und kleine Abenteuer bist, gehe vom Kolosseum aus zum Park der **Domus Aurea** (das einstige prunkvolle Domizil Neros). Am besten an dem Kiosk dort ein kühles Getränk holen, anschließend ein Stück zurücklaufen, und auf einer Bank die Aussicht auf das Kolosseum genießen. Herrlich. Verzichte bitte darauf, in der Öffentlichkeit Alkohol zu trinken; das erspart ein saftiges Bußgeld.

Danach geht es **gemütlich entlang des Tibers oder durch Trastevere** langsam Richtung Abendessen. Die Gassen, beleuchteten Brücken und kleinen *piazzette* (Mini-Plätze) laden zu einem entspannten Spaziergang ein. In Trastevere erwartet dich zum Beispiel die **Trattoria Da Enzo al 29** (Via dei Vascellari 29). Ein kleines, authentisches Lokal mit echter römischer Küche, wo Klassiker wie *Cacio e Pepe* (meine Lieblingspasta) oder *Carbonara* so schmecken, wie sie sollen.

Insidertipp: Santa Maria in Trastevere

Direkt im Herzen von Trastevere liegt Santa Maria in Trastevere, eine der ältesten Kirchen Roms. Sie besticht durch ihre goldglänzenden Mosaiken aus dem 12.–13. Jahrhundert, die das Hauptschiff und den Altar schmücken. Trotz der zentralen Lage ist die Kirche oft ruhig, sodass man die kunstvolle Gestaltung und die besondere Atmosphäre in Ruhe genießen kann.

Wenn du lieber im historischen Stadtzentrum bleiben möchtest, ist **Armando al Pantheon** (Salita de' Crescenzi 31) eine hervorragende Adresse. Direkt beim Pantheon gelegen, serviert das Familienrestaurant seit Generationen bodenständige römische Küche in herzlicher Atmosphäre. So kann man den Tag mitten im Herzen Roms perfekt ausklingen lassen.

TAG 2

Am zweiten Tag tauchen wir ein in eine andere Welt. Wir stehen sehr früh auf, um die Menschenmassen am **Petersdom** zu umgehen. Möchtest du die Kuppel von innen und außen besichtigen, auf dem Dach der katholischen Welt laufen und einen atemberaubenden Ausblick auf Rom erleben, kaufe dir ein Ticket für den Domaufstieg. Du hast die Wahl: 551 Stufen oder ein Teil mit dem Aufzug. Der Aufstieg ist nicht ohne; vor allem der letzte Part ist sehr eng, aber machbar. Nimm dir unbedingt etwas zu trinken mit, auch wenn es auf dem Dach des Peterdoms ein kleines Café gibt.

Nach der Kuppelbesichtigung kommst du direkt im Petersdom aus. Du musst dich nicht erneut an der immer länger werdenden Besucherschlange anstellen und deine Tasche kontrollieren lassen. Ich empfehle dir aber, dir einen Audioguide zu holen. Behalte auch die Zeit etwas im Blick, denn bis zum Mittag hast du als Deutschsprachiger die einmalige Gelegenheit, ein Kleinod zu entdecken: den **Campo Santo Teutonico**, den deutschen

Friedhof. Er ist ein Ort der Stille und des Gebets, der tief in der Geschichte verankert ist. Dieser Friedhof bietet nicht nur einen Einblick in die religiöse Tradition der deutschsprachigen Katholiken, sondern auch einen ruhigen Rückzugsort im geschäftigen Zentrum Roms. Für Besucher, die sich für Geschichte, Architektur und Spiritualität interessieren, ist ein Besuch dieses einzigartigen Friedhofs eine bereichernde Erfahrung. Sprich den Schweizer Gardisten am Tor an; und sag, dass du gern den Friedhof besichtigen möchtest. Er wird dir Einlass gewähren – in den Vatikan.

 *Montag–Sonntag 07:00–18:30 Uhr, letzter Einlass 17:30 Uhr*

 *1–2 Stunden (ohne Kuppelaufstieg)*

 *Basilika kostenfrei, Kuppelaufstieg: vor Ort 8–12 €, online 17 € inklusive Audioguide*

 *booking.basilicasanpietro.va*

QR Code scannen und Tickets für den ***Domaufstieg inklusive Petersdom*** *über die offizielle Buchungsseite buchen!*

Friedhof Campo Canto

 *Montag–Samstag 09:00–12:00 Uhr, Sonntag 07:00–12:00 Uhr*

 *30–45 Minuten*

 *frei*

Hinweis: Sonntags können Papst-Audienzen oder Messen zu zeitweisen Einschränkungen im Petersdom und auf dem Friedhof führen.

Schnapp dir einen Snack oder einen Mittagsimbiss … und dann ab in die **Vatikanischen Museen.** Buche vorher unbedingt deine Tickets – die Sixtinische Kapelle ist inbegriffen (Infos zur Buchung Seite 65). Immer wieder hört man, dass man vom Petersdom direkt in die **Sixtinische Kapelle** gelangen könne – oder umgekehrt. Faktisch stimmt das zwar, denn es gibt tatsächlich einen Verbindungsgang; aber dieser ist fast nie zugänglich und bleibt in der Regel speziellen (sehr kostspieligen) Führungen vorbehalten.

Schon am Eingang wird klar: Die Vatikanischen Museen sind keine gewöhnliche Sehenswürdigkeit, sondern ein ganzes **Kunst- und Geschichtsuniversum.** Mit mehr als **1400 Räumen, Galerien und Kapellen** zählt der Komplex zu den größten Museumsanlagen der Welt. Man könnte tagelang darin verbringen und würde dennoch nur einen Bruchteil gesehen haben. Deswegen lohnt es sich, mit Audioguide oder einer Führung (vorab buchen) unterwegs zu sein: So behältst du den roten Faden und erlebst die besonderen Highlights.

Besonders erwähnenswert ist der **Kartenraum**. Stell dir eine 120 Meter lange Galerie vor, deren Wände mit detaillierten Fresken der italienischen Regionen aus dem 16. Jahrhundert bedeckt sind. Sie sind nicht nur kunstvoll, sondern historisch präzise – damals eine Art „Google Maps der Renaissance". Wenn man hindurchschreitet, fühlt es sich an wie eine Reise quer durch Italien in nur wenigen Minuten.

Doch nicht nur die Sammlung, auch das **Gebäude selbst ist ein Erlebnis**. Viele der Galerien ziehen sich wie ein Kranz um den Petersdom und die Vatikanischen Gärten. Immer wieder öffnet sich der Blick aus den Fenstern; und du siehst die gewaltige Kuppel von Michelangelo aus einer neuen Perspektive. Allein dieser ständige Wechsel von Kunst im Inneren und der Stadt draußen ist etwas Besonderes.

Traditioneller Wachposten der Päpstlichen Schweizergarde vor dem Vatikan

Der Schriftzug „Musei Vaticani" markiert den Eingang zu den weltberühmten Museen

Höhepunkt ist natürlich die **Sixtinische Kapelle**, Michelangelos monumentales Werk *La Creazione di Adamo* (die Erschaffung Adams), das die Decke in ein himmlisches Panorama verwandelt. Jeder kennt die ikonische Geste zwischen Gott und Adam. Doch in der Kapelle wird klar: Dieses Fresko ist nur ein winziger Teil eines gewaltigen Universums. Ein bisschen Demut packt jeden Besucher, wenn er realisiert, dass hier seit Jahrhunderten die Päpste gewählt werden. Verärgere nicht das Sicherheitspersonal, indem du versuchst, ein Foto von der Decke zu machen. Genieße lieber den Anblick und die Freude, Michelangelos Meisterwerk so nah zu sein.

Insidertipp: Post aus dem Vatikan

Im Vatikan befindet sich das Postamt des kleinsten Staates der Welt. Römer schwören darauf, dass Postkarten mit dem Stempel „Poste Vaticane" schneller und zuverlässiger ankommen. Meine kam jedenfalls Wochen früher an.

 *Montag–Samstag 09:00–18:00 Uhr, letzter Einlass 16:00 Uhr*

 *3–4 Stunden*

 *Erwachsene 20 €, ermäßigt 8 €, Führung 20 €, Audioguide 8 €*

 *https://www.museivaticani.va/content/museivaticani/de/organizza-visita/tariffe-e-biglietti.html#lnav_info*

*QR Code scannen und Tickets für die **Vatikanischen Museen inklusive Sixtinischer Kapelle** über die offizielle Buchungsseite buchen!*

Falls am Nachmittag noch Zeit und Energie übrig bleibt, lohnt sich ein Spaziergang zur **Piazza del Popolo.** Der Platz ist einer der schönsten der Stadt, mit seinen symmetrischen Kirchen, dem Obelisken und dem weiten, eleganten Ambiente. Besonders sehenswert ist die Kirche **Santa Maria del Popolo,** die gleich mehrere Überraschungen bereithält: Neben Werken von Caravaggio beherbergt sie auch eine Cappella, an deren Gestaltung **Michelangelo** beteiligt gewesen sein soll.

Von hier aus kannst du durch die Porta del Popolo einen Blick hinaus auf die Via Flaminia werfen oder die Stufen hinauf zum Pincio-Garten nehmen. Besonders im Abendlicht eine der schönsten Aussichten über Rom.

TOUR 3

Via Appia & echte Entdeckungen

Diese Tour ist als ***einzeltägiger*** *Baustein konzipiert. Die ersten beiden Tage nimmst du aus Tour 1 oder Tour 2. So entsteht ein kompletter 3-Tages-Plan, ohne dass du Highlights doppelt besuchst.*

DAS ERWARTET DICH

Ein abwechslungsreicher Mix aus Kunst, Architektur und Insiderpfaden mit oft übersehenen Highlights abseits der großen Touristenströme.

Die durchschnittliche Aufenthaltsdauer von Touristen in Rom beträgt etwa 2,39 Tage. Wenn du einen dreitägigen Kurztrip geplant hast, bist du überdurchschnittlich lange da und hast überdurchschnittlich viel Zeit und Luft für Außergewöhnliches!

DER DRITTE TAG startet mit der Basilika San Giovanni in Laterano, der offiziellen Kathedrale des Bischofs von Rom, also des Papstes. Du denkst vielleicht: Moment mal, ist die Kathedrale des Papstes nicht der Petersdom oder die Sixtinische Kapelle? – Genau das war auch mein erster Gedanke. Und, ja, es überrascht: Der Petersdom ist zwar weltberühmt, aber mehr die „Show-Basilika" des Vatikans. San Giovanni ist die „Mutter aller Kirchen" und der Ursprung der römisch-katholischen Kirche, was den Besuch zu einem echten historischen Moment macht.

Drinnen beeindruckt die Basilika mit ihren barocken **Säulenhallen, Mosaiken und dem Baldachin über dem Hochaltar.** Besonders faszinierend: die **Scala Santa**, die Heilige Treppe aus Jerusalem, auf der Pilger kniend beten. Man befindet sich an einem Ort voller Andacht, der ganz anders wirkt als die touristisch überlaufenen Plätze im Vatikan. Ein weiteres Highlight ist der **Innenhof (Cortile del Papato)**, von dem aus man die herrliche Fassade und den Glockenturm der Kirche bestaunen kann. Wer sich Zeit nimmt, kann hier kleine Details entdecken: Inschriften, Grabmäler von Päpsten und Fresken, die Geschichten aus der römischen Kirchengeschichte erzählen.

Insidertipp: Deckenfresken im Sancta Sanctorum

Schau unbedingt einmal in die Sancta Sanctorum im Seitenschiff (manchmal auch ausgeschildert als „Cappella di San Lorenzo in Palatio"). Dort entdeckst du winzige, aber unglaublich detailreiche Fresken, die viele Touristen übersehen. Ich liebe es, mich hier kurz zurückzuziehen, den Blick über die filigranen Arbeiten schweifen zu lassen und die ruhige Atmosphäre zu genießen. Solch einen stillen Moment erwartet man kaum mitten im Trubel der Stadt.

Beim Schlendern durch die Seitenschiffe und Kapellen merkt man, dass Geschichte hier lebendig wird. Kleine Details erzählen Geschichten von Jahrhunderten römischer Kirchenmacht, von Papstgräbern und künstlerischem Glanz. Ein echter Geheimtipp, der zeigt, dass Rom nicht nur aus ikonischen Monumenten besteht, sondern voller Überraschungen steckt. Man muss nur die Augen offen halten.

 *06:30–19:00 Uhr*

 *45–90 Minuten*

 *gratis*

Nach dem Besuch in der Basilika San Giovanni in Laterano geht es zu einem meiner Highlights in Rom: der **Via Appia Antica.**

Die einfachste Art, von der Basilika zur Via Appia Antica zu gelangen, besteht darin, mit dem **Bus 218** ab der

Bus-Haltestelle Porta San Giovanni in Richtung „Ardeatina / San Sebastiano" zu fahren. Steige an der Haltestelle *Catacombe San Sebastiano* aus; die Katakomben liegen direkt an der Straße.

Bevor du die Via Appia Antica entlangflanierst (in Fahrtrichtung des Busses – ist auch ausgeschildert), erkundigst du dich am besten nach einer Führung in den **Katakomben San Sebastiano**, sofern du das nicht bereits online getan hast. Da es sich bei den **Katakomben** um einen echten Insidertipp handelt, der vielen Rom-Reisenden entgeht, bekommt man auch vor Ort oft noch Tickets; aber die Führungen sind nur wenige Male am Tag. Der Ticketschalter befindet sich rechtsseitig vor dem Portal der **Basilika San Sebastiano**, die ohne jeden Prunk beeindruckt. Ihre schlichte Fassade verbirgt einen Ort von tiefgreifender Spiritualität. Der Besuch der Katakomben ist ausschließlich mit einer Führung möglich; bei Betreten wirst du sofort verstehen, warum. Die Gänge sind ein wahres Labyrinth, in dem sich Besucher ohne ortskundige Führung schnell verlaufen können.

Am besten vorher online buchen und auf die Uhrzeit achten; meist gibt es nur eine deutschsprachige Führung am Tag.

 *09:00–12:30 Uhr und 14:00–17:00 Uhr*

 *90-120 Minuten*

 *inklusive Führung 12 €, freier Eintritt zur Kirche*

 *https://www.catacombe.org/*

QR-Code scannen und direkt deine Tour durch die ***Katakomben San Sebastiano*** *buchen!*

Die Kirche bei den Katakomben von San Sebastiano mit Berninis Statue des Heiligen Sebastian

In den Katakomben liegen die frühen Christen, deren Leben und Glauben im Untergrund weitergetragen wurde, als ihnen öffentliche Kultstätten noch verboten waren. In den Gängen entdeckst du Grabnischen, alte Fresken und Inschriften in lateinischer Schrift. Es sind stumme Zeugnisse eines Lebens, das vor allem vom Glauben geprägt war. Die Geschichten von Verfolgung, Mut und Hoffnung scheinen hier zwischen den Steinen zu flüstern.

Die Katakomben sind berührend: An diesem Ort fließen Geschichte, Mythos und Spiritualität zusammen. Man spürt die intime Verbindung zwischen den Menschen, die hier begraben wurden, und denen, die heute hierherkommen, um zu staunen und zu gedenken. In der Kirche (frei zugänglich) befindet sich die Statue des **Heiligen Sebastian**. Sie gilt als eines der letzten Werke von Gian Lorenzo **Bernini.**

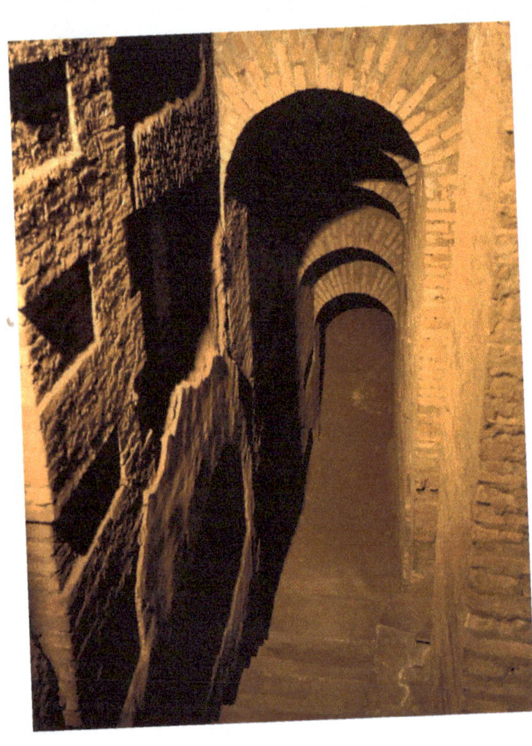

Treppe in die unterirdischen Katakomben von San Sebastiano an der Via Appia Antica

Insidertipp: San Sebastiano – die Geburtsstätte des Wortes „Katakomben"

Wusstest du, dass der Begriff „Katakomben", wie wir ihn heute verwenden, eng mit San Sebastiano verbunden ist? Diese unterirdischen Friedhöfe entlang der Via Appia waren so bekannt, dass ihr Name im Laufe der Zeit zum Synonym für alle römischen Katakomben wurde. Wer hier vorbeikommt, steht also an dem Ort, der dieses Wort und die Vorstellung von Rom als Stadt der geheimen Untergrundgräber geprägt hat. Ein kleines Stück sprachlicher Geschichte mitten auf der Via Appia.

Die **Via Appia Antica** ist der Inbegriff von Geschichte (genau wie das Forum Romanum). Die alte Pflasterung aus den römischen Basaltsteinen knirscht leise bei jedem Schritt, als ob sie selbst die Geschichten der Jahrhunderte flüsterte. Diese Straße, die um 312 v. Chr. unter dem Zensor Appius Claudius Caecus angelegt wurde, verband Rom zunächst mit Capua und später mit Orten bis nach Brindisi. Sie war eine der ersten wichtigen Straßen, die nach Rom hineinführten. Schon damals diente sie als Einfallstor in die Stadt: Auf dieser Straße strömten Menschen, Waren und Nachrichten nach Rom, während römische Legionen schnell zwischen Stadt und Provinzen unterwegs sein konnten.

Noch heute ist die Via Appia teilweise befahrbar. Der Kontrast ist bemerkenswert: auf der einen Seite moderne Autos, die über den unebenen Boden entlangrumpeln, auf der anderen Seite uralte Olivenbäume und Zypressen in zeitloser Stille der Landschaft. Es ist wirklich einmalig in Rom: eine Straße, die fast unverändert von der Antike bis heute existiert.

Die Umgebung ist gesäumt von alten Grabmonumenten, Villenruinen und kleinen Kapellen, die im Schatten der Bäume liegen. An manchen Stellen wirkt es fast so, als könnte man um die Ecke biegen und einen römischen Legionär sehen, der seine Truppen anführt. Die Straße hat eine ehrfurchtgebietende Ruhe. Obwohl sie noch genutzt wird, spürt man, dass die Zeit an diesem Ort anders vergeht. Der Trubel der Stadt liegt in der Ferne. Ich könnte hier Stunden verbringen; und tatsächlich solltest du – sofern du an diesem Tag noch mehr entdecken möchtest – die Zeit ein bisschen im Auge behalten, denn es gibt so viel zu entdecken.

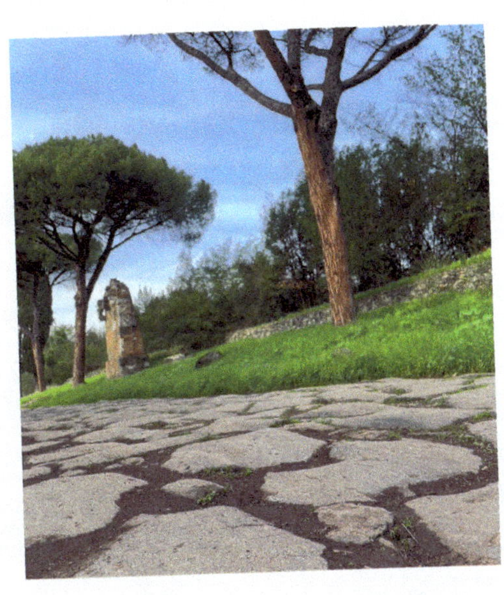

Die antike Straße Via Appia Antica mit typischem Pflaster

Dein Weg führt dich unter anderem auch am **Parco della Caffarella** vorbei. Dabei handelt sich es um einen großen Landschaftspark mit alten römischen Ruinen, Wasserläufen und weiten Spazierwegen. Direkt angrenzend steht das Mausoleum von **Cecilia Metella**, ein rundes Bauwerk aus dem 1. Jahrhundert v. Chr., das einst die Tochter eines mächtigen römischen Konsuls beherbergte. Wenn du magst, kannst du hier Natur, antike Architektur und schöne Ausblicke genießen. Das ist ein optionaler Abstecher, der die Hauptsehenswürdigkeiten (die Via Appia und San Sebastiano) ergänzt, aber meines Erachtens nicht unbedingt nötig ist. Ich habe mir stattdessen einen Espresso unter einem Olivenbaum gegönnt. Es gibt einige Cafés dort, zum Beispiel das **Appia Antica Caffè.**

Das Nationaldenkmal Vittorio Emanuele II beherrscht die Piazza Venezia im Herzen Roms

Nach der Zeitreise in die Antike dürfte es mittlerweile früher Nachmittag sein. Wir machen uns auf den Weg nach **Testaccio**, einen lebendigen, authentischen Stadtteil Roms, der von Touristen oft übersehen wird, aber für viele, die die echte römische Atmosphäre suchen, besonders reizvoll ist.

In der Via Appia Antica nimmst du den Bus in Richtung Testaccio. Die Linie 118 bringt dich von „Appia / Villa dei Quintili" bis „Piazza Venezia".

Von der **Piazza Venezia**, einem zentralen Knotenpunkt, kannst du direkt den Bus 716 bis „Ostiense/Piramide" nehmen und bist quasi in Testaccio. Falls deine Füße von der Via Appia noch nicht genug haben, empfehle ich dir eine weitere *passegiata*, einen Spaziergang.

Du verlässt die Piazza Venezia, das pulsierende Herz Roms, mit dem **Viktor-Emanuels-Denkmal** und dem **Palazzo Venezia** hinter dir. Gleich zu Beginn fällt auf, dass die gesamte Piazza derzeit eine große Baustelle ist. Hinsichtlich der Metro C werden bis voraussichtlich 2032 unterirdische Stationen gebaut, sodass viele Bereiche gesperrt sind und die Cafés und Geschäfte am Platz aktuell leider kaum besucht werden können. Das dämpft ein wenig die sonst so lebendige Atmosphäre; doch sobald du dich Richtung Westen bewegst, öffnet sich der Blick auf das **Teatro Marcello.**

Das Teatro Marcello – antikes Theater, das heute für Theater und Konzerte genutzt wird

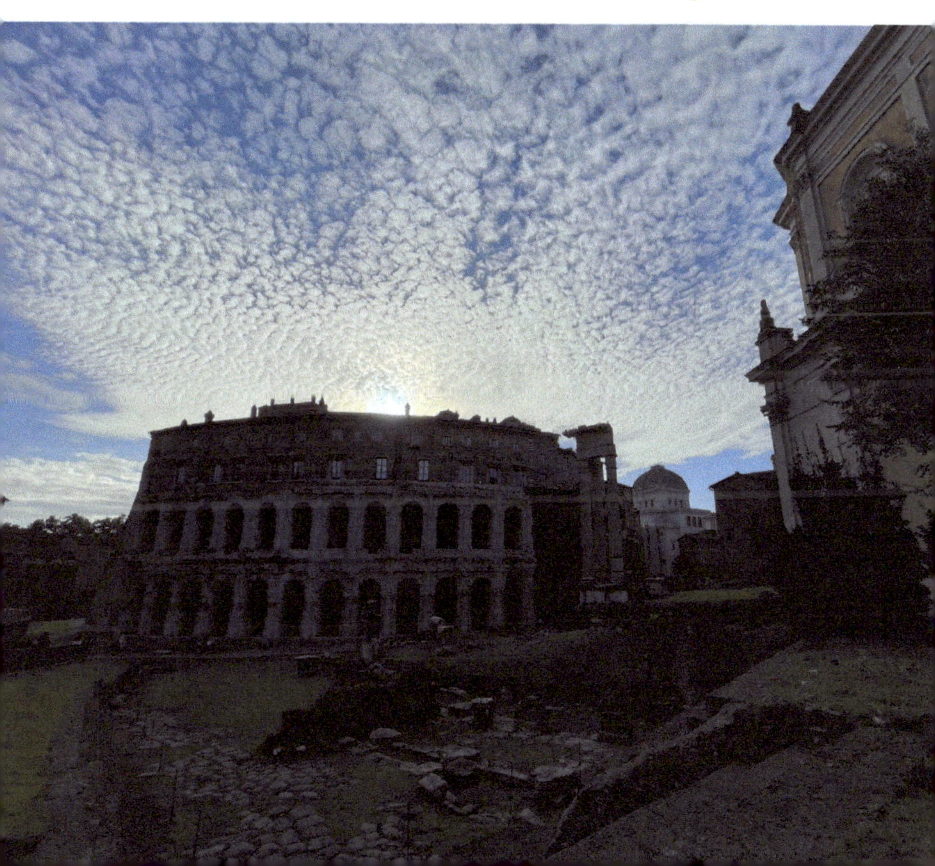

Das antike Theater aus dem 1. Jahrhundert v. Chr. beeindruckt mit seinen massiven Rundbögen und eleganten Arkaden. Zwischen den alten Säulen kann man die Jahrhunderte römischen Lebens förmlich spüren. Dieser stille Ort ist weniger überlaufen als das Kolosseum, vermittelt aber genauso viel Geschichte.

Von hier aus geht es weiter zum Tiberufer, entlang der historischen **Ponte Fabricio**, die die Tiberinsel mit dem Festland verbindet. Das Wasser glitzert in der Sonne, während das Treiben der Stadt an dir vorbeizieht.

Folgt man dem Fluss nach Süden, öffnet sich der Blick auf die ersten Straßen von Testaccio mit dem markanten **Monte Testaccio**, einem Hügel aus zerbrochenen römischen Amphoren. In den Gassen verschmelzen Geschichte und Alltag: frische Lebensmittel auf dem Mercato Testaccio (Montag–Samstag, 07:00–15:30 Uhr), kleine

Trattorien mit römischer Küche sowie Straßencafés, in denen die Einheimischen ihre Nachmittage und Abende genießen. Empfehlenswert sind zum Beispiel:

Flavio al Velavevodetto (Via di Monte Testaccio 97)

Rustikal, direkt am Monte Testaccio, klassische römische Küche *(Cacio e Pepe, Coda alla Vaccinara)*

Da Oio a Casa Mia (Via Galvani 41/43/45)

Gemütliche Trattoria, römische Spezialitäten wie *Saltimbocca alla Romana und Amatriciana*

Checchino dal 1887 (Via di Monte Testaccio 30)

Historisches Restaurant, spezialisiert auf das *Quinto Quarto (Gerichte aus Innereien), z. B. Coda alla Vaccinara*

Casa Manco (Mercato Testaccio 22)

Berühmt für *Pizza al Taglio*, ideal für ein leichtes Abendessen oder einen Snack

Mordi e Vai (Mercato Testaccio 15)

Köstliche Sandwiches mit römischen Spezialitäten wie *Trippa alla Romana*, perfekt für ein schnelles Essen

Die charakteristischen Amphoren auf dem Testaccio-Hügel in Rom

Neben den historischen und kulinarischen Highlights ist Testaccio auch für seine moderne, urbane Kunstszene bekannt. In den Straßen tauchen immer wieder Murals (englisch für großflächige Wandbilder, direkt aufgebracht auf der Hauswand), Graffiti und Installationen auf, die lokale Künstler sowie internationale Streetart-Künstler geschaffen haben. Besonders rund um den Mercato Testaccio und entlang der Nebenstraßen findest du farbige, kreativ gestaltete Wände, die das Viertel noch lebendiger machen. Es bietet sich an, gleich zum Abendessen in Testaccio zu bleiben.

Insidertipp: Friedhof der nicht katholischen Ausländer

*Versteckt in einem unscheinbaren Innenhof in Via Caio Cestio 6, nahe der Pyramide des Cestius, liegt der **Cimitero Acattolico in Testaccio**. Es ist ein ruhiger, grüner Ort mit überraschend poetischer Atmosphäre. Abseits der üblichen Touristenpfade kannst du hier auf den Spuren berühmter Dichter wie John Keats und Percy Bysshe Shelley wandeln. Ideal für alle, die einen stillen Moment inmitten der Stadt suchen und gleichzeitig ein Stück literarischer Geschichte erleben möchten. Der Friedhof ist kostenfrei zugänglich (08:00 – 17:00 Uhr).*

Murals in Testaccio, Teil der lebendigen Street-Art-Szene Roms

Insidertipp: Aperitivo im Tram-Depot

In der Via Marmorata 13, einen Katzensprung vom Cimitero Acattolico in Testaccio und der Pyramide entfernt, befindet sich die Bar Tram-Depot. Es handelt sich um eine Bar, die, wie der Name schon sagt, aussieht wie eine U-Bahn. Der perfekte Halt für einen Aperitif.

TOUR 4
Borgheses grüne Oase & verborgene Schätze

Diese Tour ist als ***einzeltägiger*** *Baustein konzipiert. Die ersten beiden Tage nimmst du aus Tour 1 oder Tour 2. So entsteht ein kompletter 3-Tages-Plan, ohne dass du Highlights doppelt besuchst.*

DAS ERWARTET DICH

Atemberaubende Kunst im herzförmigen Park und ein ungeahnter Blickwinkel auf das Ende des Lebens.

Dieser Tag in Rom zeigt, wie schön es sein kann, sich nicht zu verzetteln, sondern den Blick zu schärfen: zwei große Erlebnisse, eingebettet in Spaziergänge, Ausblicke und kleine Entdeckungen am Wegesrand.

Am Vormittag führt dich der Weg in die **Villa Borghese.** Die Römer nutzen den eleganten, weitläufigen Park, der die Villa umschließt, zum Joggen, für Spaziergänge oder

zum Ausruhen im Schatten der Pinien. Für dich ist er ein grünes Entrée in die Welt der Kunst. Auf den geschwungenen Wegen kommst du an kleinen Pavillons und Statuen vorbei, bevor du die **Galleria Borghese** erreichst.

Das Gebäude ist ebenso ein Erlebnis: Die Galleria Borghese wurde im 17. Jahrhundert von **Cardinal Scipione Borghese**, Neffe von Papst Paul V., gegründet. Sie war Teil seines prächtigen Palastes und diente ursprünglich als private Residenz und Repräsentationsraum, um seinen Geschmack, seine Macht und seine Kunstsammlung zu zeigen. Die Decken sind mit prachtvollen Fresken geschmückt, die Räume mit Stuckornamenten und filigranen Statuen versehen. Schon beim Betreten spürt man, wie sorgfältig jedes Detail gestaltet wurde, um die Kunst perfekt zu inszenieren. Die Personenzahl ist limitiert, der Einlass nur zu einem festen Zeitfenster mit einem Ticket

Deckengemälde von Antonio Gherardi in der Sala delle Prospettive

möglich, das schnell ausgebucht ist. So hast du die Gelegenheit, die Kunstwerke ohne Gedränge zu betrachten, jedes Detail zu würdigen und den Dialog zwischen Raum, Architektur und Kunst intensiv zu erleben.

Insidertipp: Marmorkunst in der Galleria Borghese

Ich empfehle, den Audioguide auszuleihen und die beeindruckende Sammlung der Galleria Borghese in deinem Tempo zu entdecken. Gegen eine Gebühr erhältst du den Audioguide direkt an der Information.

Im Inneren entfaltet sich ein Feuerwerk der europäischen Kunstgeschichte: Caravaggios dramatisches Spiel von Licht und Schatten, Berninis Skulpturen, die sogar aus Marmor Bewegung zaubern, Canovas anmutige Paolina Borghese, hingestreckt auf einer Liege, als könnte sie gleich die Augen öffnen. Besonders beeindruckend ist das **Deckengemälde** von Antonio Gherardi, das den ganzen Raum der *Sala delle Prospettive* (Saal der Perspektiven) umspannt. Zusammen mit den Marmorfiguren wird der Raum zu einem absoluten Highlight: Die illusionistische Tiefe, das Spiel von Licht und Schatten, die harmonische Verbindung von Fresko und Skulptur lassen einen förmlich eintauchen. Für mich ein unvergesslicher Moment.

 *Dienstag–Sonntag 09:00–19:00 Uhr, letzter Einlass 17:45 Uhr*

 *90-120 Minuten*

 *Erwachsene 15 €, Audioguide 5 €*

 *https://galleriaborghese.beniculturali.it*

*QR-Code scannen und direkt dein Ticket für die **Galleria Borghese** buchen!*

Wenn du das Museum verlässt, nimm dir Zeit, den Park noch einmal bewusst zu durchqueren. Ziel ist die **Terrasse des Pincio**, die sich am südwestlichen Rand der Villa Borghese öffnet. Von dort aus hast du einen wundervollen Blick auf die **Piazza del Popolo** mit ihren Zwillingskirchen und mit den einladenden Straßenzügen der Via del Corso, flankiert von der strengen Eleganz des Obelisken in der Mitte. Kaum ein Ausblick über Rom ist so klar komponiert, so klassisch und zugleich so lebendig wie dieser.

Von der Aussichtsterrasse aus kannst du nun entweder hinab zur Piazza del Popolo – oder du hältst dich links, bis du zur **Trinità dei Monti** kommst, einer Kirche, die oft übersehen wird, obwohl sie am oberen Fuße der berühmten **Spanischen Treppe** liegt. Ihr Vorplatz schenkt dir einen weiten Blick über die Dächer Roms; im Inneren warten Fresken von Daniele da Volterra, einem Schüler Michelangelos.

Von hier steigst du die Spanische Treppe hinab: 135 Stufen, die dich von der ruhigen Höhe hinunter in die vibrierende **Piazza di Spagna** führen. Oben die Kirche, unten der Barcaccia-Brunnen, dazwischen das lebendige Schauspiel der Menschen, die für das beste Foto anhalten – und alles um sich herum vergessen.

Die Piazza del Popolo von oben – Panorama von der Pincio-Terrasse

Die Spanische Treppe mit Fontana della Barcaccia

Am Nachmittag machst du einen Abstecher zur Via Veneto, einst mondäne Flaniermeile der „Dolce Vita". Hier, unscheinbar in einer kleinen Kirche verborgen, wartet ein Erlebnis ganz anderer Art: das **Museo e Cripta dei Frati Cappuccini**, die **Kapuzinergruft.** Fünf Kapellen, deren Wände und Gewölbe aus den Knochen von über 4000 Mönchen gestaltet sind – Schädel, Wirbel, ganze Skelette, zu Ornamenten und Symbolen arrangiert. So bizarr es wirkt, die Kapuziner wollten damit kein Spektakel schaffen, sondern eine Botschaft vermitteln: „Was ihr seid, das waren wir; was wir sind, das werdet ihr."

Die Gruft ist deswegen etwas Besonderes: Sie zeigt den Tod nicht als Ende, sondern als Anfang. Kein Schlussstrich, sondern eine Schwelle. Die Knochen sind nicht nur Mahnung, sondern auch Sinnbild für den Kreislauf des Lebens und erinnern daran, wie wertvoll jeder Augenblick davor ist.

 *Montag–Sonntag 09:30–13:30 Uhr und 14:30-18:30 Uhr, letzter Einlass 30 Minuten vor Schließung*

 *60–90 Minuten*

 *Erwachsene 10 € inkl. Audioguide*

www.museoecriptacappuccini.it

QR-Code scannen und direkt dein Ticket für die ***Kapuzinergruft*** *buchen!*

Nach deinem Besuch der Kapuzinergruft ist der perfekte Moment gekommen, um den Tag mit einem besonderen Highlight ausklingen zu lassen.

Insidertipp: Ein Aperitif in der Spritzeria Barberini

Die Spritzeria Barberini befindet sich auf dem Dach des gleichnamigen Hotels Barberini. Klar, woanders bekommst du einen Aperol Spritz vielleicht für die Hälfte; aber der Blick über die Dächer Roms ist jeden Cent wert. Die Abendsonne taucht die Stadt in warmes Licht, während du entspannt deinen Drink genießt und den Tag Revue passieren lässt.

Wenn du vor dem *aperitivo* noch ein kleines, verstecktes Highlight entdecken möchtest, lohnt sich ein kurzer Abstecher zum **Palazzo Barberini**. Dieser prachtvolle Barockpalast aus dem 17. Jahrhundert war einst die Residenz von Papst Urban VIII. Heute beherbergt er die **Galleria Nazionale d'Arte Antica**, eine Sammlung, die Kunstliebhaber ins Staunen versetzt. Meisterwerke von Caravaggio, Raffael, Tizian und Guido Reni erwarten dich hier. Doch besonders beeindruckend ist das riesige Deckengemälde von Pietro da Cortona in der Sala Grande, das den gesamten Raum umspannt und die göttliche Vorsehung sowie die Macht der Barberini-Familie feiert.

Der Palazzo liegt in der Via delle Quattro Fontane 13, nur wenige Gehminuten von der Piazza Barberini entfernt. Der Besuch der Galleria Nazionale d'Arte Antica macht den Abend zu einem runden, stilvollen Abschluss des Tages.

 10:00–19:00 Uhr, letzter Einlass 18:00 Uhr

 90-120 Minuten

 Erwachsene 15 €

 https://barberinicorsini.org/

QR-Code scannen und direkt dein Ticket für die **Nationalgalerie für Alte Kunst im Barberini-Palast** buchen!

TOUR 5

Domus Aurea & Umgebung – auf den Spuren des verborgenen Roms

Diese Tour ist als ***einzeltägiger*** *Baustein konzipiert. Die ersten beiden Tage nimmst du aus Tour 1 oder Tour 2, einen weiteren Tag aus einer der Einzeltouren. So entsteht ein kompletter 4-Tages-Plan, ohne dass du Highlights doppelt besuchst.*

DAS ERWARTET DICH

Ein Tag in Monti – ein Viertel, das weit mehr zu bieten hat als „nur" das Kolosseum.

„Heute gehen wir es gemütlich an", sage ich gern zu meinen Mitreisenden, die in Anbetracht wunder Füße müde lächeln. Aber genau so meine ich es. Keine langen Bustouren, kein Sprint von Highlight zu Highlight, sondern ein entspannter Spaziergang durch ein Viertel, das so viele Facetten hat, dass man fast die größte Attraktion vergisst: das Kolosseum.

Der Tag beginnt mit einem der geheimnisvollsten Orte Roms, den ich selbst zunächst kaum auf dem Schirm hatte: der **Domus Aurea**, Neros legendärem „Goldenen Haus". Mittlerweile[2] gibt es zwei Optionen für die Erkundung der Domus Aurea: Mit Führung und Virtual Reality sowie ohne. Ich empfehle uneingeschränkt die **Führung mit VR.** Mit dem modernen Lichtkonzept und der VR-Brille tauchst du ein in ein Rom, das es so heutzutage nicht mehr gibt: goldglänzende Säle, Springbrunnen, Fresken. Es ist kaum zu glauben, dass sich all das unter einem Hügel verborgen hat. Aber genau das ist der springende Punkt: Die Domus Aurea war ursprünglich

2 Stand: Oktober 2025

nicht unterirdisch, sondern auf dem Oppius-Hügel weitläufig erbaut. Später wurde sie mit dem **Parco del Colle Oppio** überbaut, was praktische Herausforderungen mit sich bringt: Der Park leidet unter Feuchtigkeit, da Wasser durchsickert und die alten Strukturen belastet. Genau deswegen laufen seit Jahrzehnten umfangreiche Restaurierungen und Forschungen. Es ist ein Ort, der sich ständig wandelt und neue Erkenntnisse über Roms antike Pracht zutage bringt.

Die Domus Aurea ist ein wahres El Dorado für Archäologiefans, denn sie wird fortlaufend intensiv restauriert und erforscht. Aktuelle Ausgrabungen haben unter anderem Reste eines seltenen blauen Pigments, bekannt als ägyptisch-blau, zutage gefördert. Diese Entdeckung deutet darauf hin, dass die Wände des Palastes einst mit diesem kostbaren Pigment verziert waren, was auf die hohe Kunstfertigkeit der damaligen Handwerker hinweist.

Die jüngsten Restaurierungsarbeiten konzentrieren sich auf die westliche Seite der Domus Aurea, einschließlich eines neuen Eingangsbereichs, der Besuchern den Zugang zu Räumen mit originalen Fresken, Mosaiken und Marmordekorationen ermöglicht. Diese Arbeiten wurden im Dezember 2024 abgeschlossen und haben die Zugänglichkeit des Palastes erheblich verbessert. Die laufenden Forschungs- und Restaurierungsprojekte versprechen weitere spannende Entdeckungen, die unser Verständnis der römischen Architektur und Kunstfertigkeit vertiefen werden. Wenn du die Domus Aurea besuchst, kannst du also sicher sein, dass du einen Ort erlebst, der sich ständig weiterentwickelt und neue Einblicke in die Geschichte Roms bietet.

 *nur mit Führung: freitags-sonntags 09:15–17:00 Uhr*

 *60-90 Minuten*

 *Erwachsene ohne Virtual Reality 18 €, mit VR 26 €*

 *https://ticketing.colosseo.it/*

*QR-Code scannen und direkt dein Ticket für die **Domus Aurea** buchen!*

Insidertipp: Die Domus Aurea im alten Glanz

Die teils VR-unterstützte Führung und die pure Begeisterung der Mitarbeitenden lassen die Domus Aurea zum Leben erwachen. Ein lohnenswertes Erlebnis.

Zurück an der Oberfläche, stehst du mitten im **Parco del Colle Oppio.** Mach dir hier gern noch einmal bewusst, dass du auf dem Dach des größten Palastes Roms entlangschlenderst. Der Park ist auf den ersten Blick klein und unspektakulär. Aber geh ein paar Schritte abseits der Hauptwege, und du entdeckst die Reste der **Thermen des Trajan und Titus**, halb überwuchert und erstaunlich friedlich. Von hier oben hast du außerdem einen der schönsten, unverstellten Blicke auf das Kolosseum, und zwar ohne Selfie-Gedränge.

Danach schlenderst du weiter in Richtung **Monti,** eines meiner Lieblingsviertel. Kaum 10 Minuten zu Fuß, und du bist in einer anderen Welt: enge Kopfsteinpflastergassen, kleine Vintage-Läden, Designerwerkstätten, versteckte Bars. Setz dich mittags einfach an die **Piazza della Madonna dei Monti**, hol dir einen Espresso aus einer Bar an der Ecke, und beobachte das Leben. Hier spürst du das Rom, das die Römer lieben – weniger Postkarte, mehr echtes Quartier.

Am Weg dorthin lohnt sich ein kleiner Schlenker zu zwei fast unscheinbaren Kirchen, die dich umhauen werden: **San Pietro in Vincoli**, wo Michelangelos gewaltiger Mose im Halbdunkel thront, und **Santa Prassede**, eine winzige, aber überwältigende Mosaikschatzkammer, die viele Reisende schlicht übersehen.

Insidertipp: Die schönsten Mosaike Roms

In Santa Prassede lohnt sich ein Abstecher in die kleine, fast verborgene Zeno-Kapelle (benannt nach dem Heiligen Zeno von Verona), ein seltenes erhaltenes Mosaikensemble aus dem 9. Jahrhundert, das zu den eindrucksvollsten in Rom zählt und meist still und menschenleer bleibt.

Wenn du am Nachmittag noch Energie hast, kannst du deinen Spaziergang ausdehnen. In nicht einmal 15 Minuten erreichst du die **Basilika San Giovanni in Laterano**, die älteste und offiziell wichtigste Kirche Roms, die lange vor dem Petersdom Sitz des Papstes war. Mehr dazu findest du in Tour 3 (Seite 68), wo sie ausführlich beschrieben wird. Du entscheidest selbst, ob du sie direkt anschließend besuchst oder sie dir für einen anderen Tag aufhebst.

Wenn du die Basilika San Giovanni auslassen möchtest, kannst du die **Basilika San Clemente** besuchen, einen versteckten Schatz südlich der Domus Aurea. Schon beim Betreten der Kirche spürst du, dass hier die Geschichte buchstäblich übereinanderliegt: Oben die hellen, barocken Räume der Basilika, darunter die frühchristlichen Fresken und schließlich ganz unten die Überreste eines römischen Hauses und eines Mithras-Heiligtums. Der Reiz von San Clemente liegt genau darin: Man geht nicht einfach von einem Raum zum nächsten, sondern reist Tausend Jahre römischer Geschichte in wenigen Schritten.

Insidertipp: Unterirdische Ebenen in San Clemente

Nimm dir Zeit, auch die unterirdischen Ebenen genau zu betrachten. Die Fresken und Mosaiken erzählen Geschichten von Glauben, Macht und Alltag in der Antike, die man sonst nirgendwo so konzentriert findet.

Ein weiterer Vorteil: Die Kirche ist weniger überlaufen als viele andere Sehenswürdigkeiten, sodass du ruhig zwischen den Epochen wandeln kannst. Außerdem liegt sie fußläufig zu Monti und der Via Labicana – perfekt, um danach weiter durch charmante, versteckte Gassen zu streifen oder in einer kleinen Trattoria zu verweilen.

Nur wenige Schritte vom Kolosseum entfernt liegt die **Ludus Magnus**, die größte Gladiatorenschule Roms. Kaum einer der großen Touristenströme verirrt sich hierher; und genau das macht den Ort so besonders. Zwischen den Mauern und den verbliebenen Grundrissen kannst du dir vorstellen, wie die Kämpfer des alten Roms hier trainierten, schwitzten und sich auf die Arenen des Kolosseums vorbereiteten. Wer genau hinsieht, erkennt noch die Strukturen der Übungsplätze und die Überreste der Unterkünfte. Man bekommt einen faszinierenden Einblick in den Alltag hinter den spektakulären Spielen.

Der Besuch ist kompakt: Etwa 20–30 Minuten genügen, um den Ort zu erkunden und die Atmosphäre auf sich wirken zu lassen.

Öffnungszeiten: *Der Eintritt ohne Führung erfolgt nur nach vorheriger Buchung über die offizielle Touristeninformation: +39 060608*

Insidertipp: Alte Arena-Mauern

Schau dir die Perspektiven der alten Arena-Mauern in der Ludus Magnus und achte auf die kleinen Details, die oft übersehen werden, wie Treppen oder Nischen, die den Trainingsalltag der Gladiatoren sichtbar machen.

Ein Tag wie dieser ist weniger Programm als Erlebnis: von Neros Palast über vergessene Thermen, stille Kirchen und lebendige Gassen bis hin zu einer der größten Kirchen der Christenheit. Du erlebst Rom von einer Seite, die du sonst nur findest, wenn du hier wohnst.

TOUR 6

Orangen, Zitronen & Aussichten zum Malen

Diese Tour ist als ***einzeltägiger*** *Baustein konzipiert. Die ersten beiden Tage nimmst du aus Tour 1 oder Tour 2, einen weiteren Tag aus einer der Einzeltouren. So entsteht ein kompletter 4-Tages-Plan, ohne dass du Highlights doppelt besuchst.*

DAS ERWARTET DICH

Ein Tag, der Geschichte, Ruhe und römisches Alltagsleben verbindet – von den antiken Foren über stille Gassen bis hin zu einem der schönsten Sonnenuntergänge der Stadt.

Der Tag startet mit einem echten Geheimtipp: dem **Palazzo Venezia.** Bevor du dich auf den Weg über die **Via dei Fori Imperiali** machst, solltest du dir das massive Renaissancegebäude nicht entgehen lassen, auch wenn es von außen streng und abweisend wirkt. Doch hinter den Mauern verbirgt sich einer der friedlichsten Orte im Zentrum Roms: **der Garten des Palazzo Venezia.**

Kolossaler Finger der Konstantin-Statue – Fragment einer überlebensgroßen Kaiserfigur; heute in den Kapitolinischen Museen

Der Garten ist frei zugänglich. Wer mag, kann anschließend auch das **Museo Nazionale di Palazzo Venezia** besuchen – mit Renaissancekunst, Skulpturen und feinen Handwerksobjekten. Doch allein der Garten lohnt den Umweg. Es ist ein idealer Ort, um den Tag ruhig zu beginnen, bevor du dich in das antike Rom aufmachst. Mussolini hatte hier früher sein Büro und trat regelmäßig auf den Balkon über der Piazza. Heutzutage kann man sich kaum vorstellen, dass von diesem stillen Hof aus einst Geschichte geschrieben wurde.

 *09:30–19:30 Uhr, letzter Einlass 18:45 Uhr*

 *60–90 Minuten*

 *Erwachsene 24 €, Audioguide 8 € - Im Ticket für den Palazzo Venezia ist der Zugang zum Museum des Palazzo sowie zu den historischen Räumen des Gebäudes enthalten.*

 *https://vive.cultura.gov.it/en/*

QR-Code scannen und direkt dein Ticket für das ***Nationalmuseum im Palazzo Venezia*** *buchen!*

Von der Piazza Venezia aus begibst du dich auf eine der eindrucksvollsten Straßen Roms: die **Via dei Fori Imperiali.** Sie verbindet die Piazza mit dem Kolosseum und führt mitten durch die Ruinen der Kaiserforen. Beim Gehen eröffnen sich immer wieder neue Perspektiven: links das **Forum von Trajan**, das mit seiner beeindruckenden Säulenhalle und der Trajanssäule an die Siege des Kaisers in Dacien erinnert, rechts die Überreste der Foren

Kolosseum und Via dei Fori Imperiali – monumentale Verbindung zwischen Antike und Moderne

von **Augustus und Nerva**. Augustus' Forum war das erste „öffentliche Wohnzimmer" Roms, ein Ort von politischer Macht und religiöser Symbolik. Nerva, der als Kaiser nach Augustus regierte, ist besonders für die Erweiterung des Trajansforums berühmt, die den städtischen Raum auf harmonische Weise vergrößerte. Besonders schön ist der Moment, wenn sich das Kolosseum am Ende der Straße erhebt. Diesen Fotospot sollte man nicht verpassen.

Die Straße wurde in den 1930er-Jahren von Mussolini angelegt; nunmehr ist sie weitgehend autofrei und damit ideal zum Schlendern. Ein Spaziergang auf dieser Straße fühlt sich an wie ein offenes Geschichtsbuch bzw. wie ein direkter Weg durch die Jahrhunderte, der große Monumente und stille Details miteinander verbindet.

Etwa auf halber Strecke der Via dei Fori Imperiali, rechter Hand am Fuße des Kapitolshügels, zweigt die kleine

Via di San Pietro in Carcere ab. Es ist ein unscheinbarer Anstieg, direkt hinauf zum Kapitolsplateau. Der Weg führt vorbei am ehrwürdigen Palazzo Senatorio und endet auf der **Piazza del Campidoglio**, die Michelangelo im 16. Jahrhundert als repräsentatives Zentrum Roms gestaltete. Schon der Aufstieg lohnt sich: Die Ausblicke von hier auf das Forum Romanum gehören zu den schönsten der Stadt.

Insidertipp: Aufzug zur Terrazza Caffarelli

Was viele übersehen: Auf dem Kapitol kann man tatsächlich mit dem Aufzug aufs Dach fahren, ohne Eintritt zum Kapitolmuseum zu zahlen. Der Zugang befindet sich rechts vom Haupteingang der Museen im Bereich des Palazzo Caffarelli. Folge den Schildern zum „Caffè Capitolino": Hier geht es hinein, vorbei an der kleinen Rezeption des Cafés und dann mit einem gläsernen Aufzug hinauf auf die Terrasse. Oben erwartet dich eine offene Plattform mit freiem Blick über das Forum Romanum, den Vittoriano und die Dächer der Stadt.

 *09:30–19:30 Uhr, letzter Aufstieg 18:45 Uhr*

 *Aufzug 1 € (je nach Saison)*

Wer anschließend dem schmalen Weg **Via di Monte Tarpeo** hinab folgt, entdeckt eine stille Seite des Kapitols. Diese kleine Gasse verlässt den Hügel auf eine fast verborgene Weise zwischen alten Mauern, Kopfsteinpflaster und Ausblicken, die bei jedem Schritt wechseln. Unten angekommen, öffnet sich die **Piazza della Consolazione.**

Dieser stille Platz steht in starkem Kontrast zur Monumentalität der Foren.

Hier erhebt sich die Kirche **Santa Maria della Consolazione**, die im 17. Jahrhundert erbaut wurde und auf eine viel ältere Tradition zurückgeht. Der Name verrät ihre ursprüngliche Aufgabe: Den zum Tode Verurteilten, die in der nahen *Carcer Tullianus* (Mamertinisches Gefängnis) auf ihre Hinrichtung warteten, sollte hier spiritueller Trost gespendet werden. Heute wirkt die Kirche schlicht und beinahe vergessen; und gerade das macht ihren Reiz aus.

Kurz dahinter führt die Route in die **Via dei Fienili** und mündet in die **Via di San Teodoro.** Hier läuft man direkt am Fuße des **Palatins** entlang – dem mythischen Hügel, auf dem Rom der Legende nach gegründet wurde. Die gewaltigen Ruinen, die man hinter den Mauern und Zäunen erahnen kann, stehen in starkem Kontrast zu den kleinen Gassen, die sich hier unten entlangschlängeln. Es ist einer dieser Übergangsmomente in Rom: einen Schritt weiter, und man spürt, wie sich die Dimensionen von Geschichte verschieben. Von den großen Erzählungen der Kaiserzeit hin zu den unscheinbaren Ecken, in denen das Alltägliche der Stadt weiterlebt.

Seltenes Schauspiel: Panoramablick auf schneebedeckte Dächer von der Caffarelli-Terrasse auf dem Kapitolinischen Hügel

Ein paar Meter weiter leuchten die gelben Banner der **Coldiretti.** Hier ist er, der **Mercato di Campagna Amica al Circo Massimo**, ein Wochenendmarkt (Sa & So, 09:00–16:00 Uhr), auf dem römische Produzenten Obst, Käse, Olivenöl, Wein und Spezialitäten direkt vom Land in der Stadt verkaufen. Es ist ein idealer Ort, um zu kosten, einzukaufen und zwischendurch eine kleine Stärkung einzulegen.

Alternativ kehrst du in der **Osteria Circo** in der Via dei Cerchi 77/79 ein, nur wenige Gehminuten vom Mercato entfernt.

Gleich um die Ecke, in der winzigen **Via del Velabro**, steht eine der ältesten Kirchen Roms: **San Giorgio al Velabro**. Sie ist ein Schmuckstück, gerade wegen ihrer ruhigen Schlichtheit und harmonischen Proportionen. Schon die kleine, spätantike Vorhalle mit ihren filigranen Säulen und Kapitellen zieht den Blick auf sich, bevor man das helle, fast sakrale Innere betritt. Hier spürt man die Geschichte Roms besonders nah: Die Jahrhunderte scheinen sich in jedem Stein zu stapeln, während der Trubel der Stadt draußen bleibt. An dieser Stelle möchte man still stehen und wirklich hinsehen.

Nur wenige Schritte weiter öffnet sich die **Piazza della Bocca della Verità**, bekannt für die berühmte steinerne Maske. Die Besucherschlange für den „Mund der Wahrheit" bildet sich direkt auf der kleinen Piazza. Aber wer nur die Kirche besuchen möchte, geht einfach rechts am Vorbau vorbei und ist sofort im Inneren von **Santa Maria in Cosmedin.** Drinnen zeigt sich ein frühmittelalterliches Juwel: Filigrane Mosaikböden aus dem 12. Jahrhundert mit bunten geometrischen Mustern, Säulen und Kapitellen, viele aus römischen Tempeln wiederverwendet, und byzantinische Spuren im Apsisbereich verbinden Antike

Reste der Tribüne des Circus Maximus

und Mittelalter auf faszinierende Weise. Der schlichte Altar strahlt Ruhe aus; kleine Details wie alte Grabsteine und eingeritzte Inschriften erzählen stille Geschichten vergangener Jahrhunderte. Das helle Licht, die klaren Linien und die intime Dimension des Raums lassen die Piazza draußen fast vergessen. Santa Maria in Cosmedin lädt ein zum Verweilen, Entdecken und Staunen.

Wenn man ein paar Minuten weitergeht, steht man vor der weiten Fläche des **Circus Maximus**, einst die größte Arena Roms, in der Hunderttausende Menschen die Wagenrennen verfolgten. Die alten Römer nannten den Circus *spina*, das Rückgrat. Vielleicht, weil hier das Herz der Stadt pochte, während Wagenlenker um Ruhm und Ehre rasten. Heute ist es ein grüner, weiter Platz, an dessen Rändern man noch die Konturen der antiken Tribünen erahnen und von dem aus man hinauf zum Palatin schauen kann.

Nach dem Circus Maximus geht's auf einen von Roms berühmten sieben Hügeln, den **Aventin.**

In der letzten Zeit hat das **Schlüsselloch des Aventins** in den sozialen Medien viel Aufmerksamkeit erhalten. Wenn man hindurchschaut, sieht man mittig den Petersdom, umrahmt von den Hecken des hinter den Toren liegenden Gartens. Die Besonderheit ist die Dreistaatenkonstellation: Während man physisch in Italien steht, blickt man durch das Tor des Malteserordens (völkerrechtlich ein eigener Staat) in den Vatikan. Das pittoreske Fotomotiv lockt viele Touristen an – leider oft zu viele. Die Warteschlange für diesen besonderen Blick ist lang. Deswegen bin ich froh, bei einem Streifzug eine wunderschöne Alternative entdeckt zu haben: den Garten der **Basilika Santi Bonifacio e Alessio**, wenige Schritte rechtsseitig des Schlüssellochs.

Eigentlich war ich nur auf der Suche nach einer Toilette, als ich bei einem Blick durch ein unscheinbares Tor im vorderen Teil der Basilika den stillen, frei zugänglichen Garten entdeckte. Die kleine grüne Oase mit Terrasse und Blick über die Stadt hat mich sofort eingenommen. Das verzierte Brüstungsgitter bot die perfekte Kulisse für den auf dem Foto eingerahmten Petersdom. Die Kirche ist sehr sehenswert. Sie reicht bis ins 5. Jahrhundert zurück und ist dem heiligen Alexius geweiht, dessen Sarkophag noch heute hier verehrt wird. Im 18. Jahrhundert erhielt das Gotteshaus sein barockes Kleid; so verbinden sich in dieser Entdeckung ganz nebenbei stille Gegenwart, frühes Christentum und prachtvolle Architektur.

Ein Klassiker, der nie seine Wirkung verliert: **Der Giardino degli Aranci** liegt nur wenige Schritte von S. Alessio entfernt.

Am späten Nachmittag, wenn das Licht golden wird und sich über die Kuppeln legt, verwandelt sich der Garten in einen der schönsten Orte der Stadt. Zwischen den Orangenbäumen öffnet sich ein weiter Blick über den Tiber, die Dächer Roms und die Silhouette des Petersdoms. Diese Kulisse scheint fast zu ruhig, um echt zu sein.

Gehst du in Richtung Fluss, erreichst du über die **Ponte Fabricio** – die älteste noch genutzte Brücke Roms (62 v. Chr.) – die kleine **Tiberinsel.** Sie wirkt fast wie ein eigenes Dorf mitten im Strom: mit einer Kirche, alten Spuren eines Krankenhauses und einem lebendigen Treiben rund um die Bars und Restaurants. Und schon bist du am Tor zu **Trastevere.**

TOUR 7
Trieste, das Juwel der römischen Randviertel

Diese Tour ist als ***einzeltägiger*** *Baustein konzipiert. Die ersten beiden Tage nimmst du aus Tour 1 oder Tour 2, zwei weitere Tage aus den Einzeltouren. So entsteht ein kompletter 5-Tages-Plan, ohne dass du Highlights doppelt besuchst.*

DAS ERWARTET DICH

Ein Tag voller Architektur, Natur und gemütlicher Plätze, wo du Rom mal ganz anders erleben kannst: elegante Straßen, versteckte Villen, lauschige Parks und echte Insiderlokale. Ideal für Bummel und Mittags- oder Nachmittagskaffee.

Trieste ist ein Stadtteil, der oft übersehen wird, weil sich viele Besucher auf das historische Zentrum konzentrieren. Dabei hat Trieste einen ganz eigenen Charme mit Alleen, elegantem Jugendstil, Parks und kleinen Cafés, in denen sich das echte Alltagsleben der Römer zeigt. Anders als im Zentrum drängen sich kaum Touristen. Die Straßen gehören fast allein dir; und man kann das Viertel in aller Ruhe auf sich wirken lassen.

Der Tag beginnt mit einem Spaziergang durch die **Villa Ada**, eine der größten und ruhigsten Grünanlagen Roms. Im Gegensatz zu den oft überlaufenen Sehenswürdigkeiten ist hier alles weitläufig, grün und entspannt. Alte Bäume werfen Schatten über verschlungene Wege, Teiche spiegeln das Licht, Enten ziehen gemächlich ihre Bahnen, und Eichhörnchen huschen über die Wiesen.

Wer mag, setzt sich auf eine Bank, genießt einen Cappuccino im kleinen Café La Casina oder beobachtet die historischen Villen, deren Jugendstil und neoklassizistische Details einen Hauch vergangener Eleganz ausstrahlen. Abseits der Hauptwege führen Pfade zu versteckten Brücken und Mini-Monumenten – perfekte Fotospots oder Orte für einen ruhigen Moment. Kleiner Wermutstropfen: Die Villa Ada ist nicht für Innenbesichtigungen geöffnet.

Vom Park aus geht es weiter ins **Viertel Coppedè**, eine kleine Fantasiestadt mitten in Rom. Jugendstil, Neobarock, mittelalterliche Elemente und märchenhafte Details verschmelzen hier zu einem einzigartigen Ensemble. Schon auf der **Piazza Mincio** fällt der Blick auf die **Fontana delle Rane** mit den namensgebenden Fröschen, die das Wasser sprudelnd tanzen lassen. Jede Straße, jede Ecke ist ein Kunstwerk: Türen, Fenster, Stuck, verspielte Skulpturen, kleine Innenhöfe. Besonders morgens oder bei Regen wirkt das Viertel fast menschenleer und wie ein geheimer Märchenort. Mein Highlight ist der riesige Kronleuchter im Durchgang des **Palazzo del Ragno**, der in grünen Tönen schimmert und den ganzen Raum in märchenhaftes Licht taucht.

Insidertipp: Büchercafé Libreria Tra le Righe

In der Nähe des Coppedè-Viertels, Viale Gorizia 29, liegt eine charmante Buchhandlung mit Café. Zwischen liebevoll eingerichteten Regalen und gemütlichen Leseecken kann man Bücher in verschiedenen Sprachen entdecken, bei einem Cappuccino verweilen oder an kleinen Lesungen und kulturellen Veranstaltungen teilnehmen. Die Libreria Tra le Righe ist montags–freitags 10:00–20:30 Uhr geöffnet, samstags 10:00–13:30 Uhr und 16:00–20:30 Uhr, sonntags geschlossen.

Auf dem Weg von der Buchhandlung in Richtung Villa Torlonia lohnt sich ein Abstecher zur **Basilika Sant'Agnese fuori le mura** an der **Via Nomentana**. Das angeschlossene Mausoleum der Constantina überrascht mit prachtvollen Mosaiken, die zu den schönsten frühchristlichen Kunstwerken Roms zählen: Weinranken, Vögel und goldene Ornamente, die im gedämpften Licht des Spätnachmittags fast zu glühen scheinen.

 *täglich 09:00–12:00 Uhr und 15:00–18:00 Uhr*

 *15-30 Minuten*

 *freier Eintritt*

Detailaufnahme der Fresken und Säulen in Sant'Agnese fuori le mura

Casina delle Civette

Weiter geht es zur **Villa Torlonia**, einst Residenz einer reichen Adelsfamilie und in den 1930er-Jahren von historischer Bedeutung. Heutzutage ist der Park öffentlich und ideal für einen entspannten Spaziergang. Ein Abstecher zur **Casina delle Civette** lohnt sich: Märchenhafte Glasfenster, verspielte Details und leuchtende Farben wirken wie aus einem Bilderbuch. Auch das **Casino Nobile** mit wechselnden Ausstellungen sowie die großzügigen Parkanlagen bieten Raum zum Flanieren und Entdecken. Achte auf das Licht, das durch die alten Bäume fällt, und auf die kleinen architektonischen Feinheiten.

 *Park: 07:00–19:00 Uhr, im Sommer 07:00–20:30 Uhr*

 *30-120 Minuten*

 *freier Eintritt, Casino Nobile: Erwachsene 9 €*
Casina delle Civette: Erwachsene 6 €

 *https://museivillatorlonia.it/en/infopage/villa-torlonia*

*QR-Code scannen und direkt dein Ticket für die **Museen der Villa Torlonia** buchen!*

Insidertipp: Die grünen Papageien von Rom

Wenn du in den Parks Roms – etwa der · Villa Ada oder Villa Borghese – ein lautes Kreischen hörst, dann sind es meist die leuchtend grünen Halsbandsittiche, die sich hier in großen Schwärmen niedergelassen haben. Einst aus privaten Volieren entflohen, gehören sie heute fest zum Stadtbild. Ein exotischer Farbtupfer, der Rom noch ein Stück lebendiger macht.

Nach dem Parkbummel zeigt sich Trieste in den umliegenden Straßen von seiner eleganten Seite. Entlang der Via Nomentana und kleiner Nebenstraßen mit Boutiquen, Vinotheken und Papierläden kann man wunderbar flanieren. Für eine späte Mittagspause bieten sich Lokale wie **Hostaria del Circo** oder **Il Focolare** an: klassische römische Küche, saisonal und bodenständig, mit ehrlicher Pasta und einem Glas Hauswein. Danach ein Espresso im **Caffè Galante**, unweit der Villa Torlonia, wo das Klirren der Tassen und das goldene Nachmittagslicht auf den Fassaden perfekt zusammenpassen.

Insidertipp: Feinstes gelato ohne Schnickschnack

Nur wenige Minuten entfernt, in der Via Messina, liegt eine kleine Gelateria, die man leicht übersehen könnte. Das wäre ein Fehler. ***Guiltilla*** *gilt unter Einheimischen als eine der besten Eisdielen der Stadt: handgemachtes* ***gelato****, überraschende Sorten wie Pistazie mit Meersalz oder Ricotta mit karamellisierten Feigen, dazu ein wunderbar unaufgeregtes Ambiente. Kein touristischer Schnickschnack, nur ehrliches Eis und der vielleicht süßeste Abschluss eines Tages im Viertel Trieste.*

Falls du zu Fuß zurück zur Stadt gehen möchtest (einfach der Via Nomentana folgen), kommst du an der **Porta Pia** vorbei, Michelangelos letztem Werk, das den Übergang zwischen dem alten und dem modernen Rom markiert.

Porta Pia

Insidertipp: Porta Pia und das historische Museum der Bersaglieri (Elite-Regiment)

Auch wenn es manchmal so wirkt, man kann in das Stadttor selbst nicht hinein. Porta Pia ist ein freistehendes Meisterwerk Michelangelos, ein architektonisches Monument, das man von außen bewundert. Wer sich für Militärgeschichte interessiert, sollte stattdessen das ***Museo Storico dei Bersaglieri*** *direkt daneben besuchen: Dort zeigen Uniformen, Waffen und Artefakte die Geschichte dieses berühmten italienischen Elite-Regiments. Öffnungszeiten: Montag–Donnerstag 09:00–13:00 Uhr und 14:00–15:30 Uhr, Freitag 09:00–11:00 Uhr*

Auf der kleinen Piazza vor der Porta Pia endet der Tag ganz römisch: ein Glas Wein oder einen *aperitivo* in der Hand, das Stimmengewirr der Stadt im Ohr und das Gefühl, Rom auch abseits seiner Monumente erlebt zu haben. Im leisen Puls seiner Viertel, dort, wo sich Alltag und Geschichte unauffällig begegnen.

TOUR 8

Der Hafen von Rom

Diese Tour ist als ***einzeltägiger*** *Baustein konzipiert. Die ersten beiden Tage nimmst du aus Tour 1 oder Tour 2, zwei weitere Tage aus den Einzeltouren. So entsteht ein kompletter 5-Tages-Plan, ohne dass du Highlights doppelt besuchst.*

DAS ERWARTET DICH

Ein Tag, an dem du Rom einmal ganz anders erlebst, nicht inmitten der bekannten Monumente, sondern in antiken Straßen, zwischen stillen Ruinen, Geschichten aus längst vergangenen Tagen und in dem entspannten Flair am Meer.

Der Tag beginnt früh am Bahnhof Piazzale Ostiense: Die S-Bahn-Linie Roma-Lido bringt dich in etwa 25 Minuten nach Ostia Antica. Das Ticket kostet nur 1,50 Euro, der gleiche Preis wie für ein normales Metro-Ticket. Schon auf dem Weg dorthin spürst du, wie sich die Hektik Roms verabschiedet und Ruhe einkehrt. Ein Tagesticket für ca. 7 Euro lohnt sich nur, wenn du zum Strand und auch abends noch mit dem ÖPNV fährst. Bei dieser Tour nutzt du planmäßig dreimal die Bahn á 1,50 Euro.

Angekommen in Ostia Antica, sind es wenige Gehminuten zum **Parco Archeologico di Ostia Antica.** Überquere auf der Brücke die Bahngleise, und folge der Beschilderung.

Am Eingang des **Parco Archeologico di Ostia Antica** öffnet sich ein weitläufiges, fast magisches Gelände. Ich empfehle den **Audioguide**, da es vor Ort leider keine geführten Touren gibt. Dafür kannst du Ostia Antica in deinem Tempo erkunden. Hier gibt es kaum Touristen – nur dich, die alten Steine und die Geschichte. Auf den gepflasterten Straßen kannst du die **Thermen von Nettuno** ebenso erkunden wie das Theater, das einst 3000 Zuschauern Platz bot, das Forum mit seinen Basiliken und Tempeln sowie das Haus der Diana mit seinen prachtvollen Mosaiken. Besonders die **Amor & Psyche-Skulptur** zieht viele Besucher in ihren Bann: Wer stehen bleibt, spürt die zarte Dramatik der Liebesgeschichte, eingefroren in Marmor und doch fast so, als würden Amor und Psyche jeden Moment durch die Straße gehen.

Ostia Antica: historische Straße gesäumt von Ruinen und Tempelresten

Detailaufnahme von Amor und Psyche – Symbol einer dramatischen Liebesgeschichte zwischen göttlicher Macht und menschlicher Sehnsucht.

Die Ruinen sind voller Geschichten: Stell dir vor, wie Händler ihre Waren ausriefen (Fisch, Getreide, Olivenöl), während Kunden zwischen den Marmorsäulen entlanggingen. In den Thermen wurden Geschäfte abgeschlossen, Neuigkeiten ausgetauscht und vielleicht sogar erste kleine Romanzen begonnen. An einem sonnigen Morgen kann man sich leicht vorstellen, dass die Schritte der Römer noch auf den Steinen hallen. Ein Highlight ist das Theater, dessen Stufen nunmehr still sind, aber vor über 2000 Jahren mit Lachen, Musik und Applaus erfüllt waren.

Insidertipp: Ostia Antica – die Stadt, die lange verschwand

Ostia Antica war über Jahrhunderte fast vergessen. Erst im 19. Jahrhundert begannen systematische Ausgrabungen, die die gut erhaltenen Straßen, Häuser, Tempel und Mosaiken zutage förderten. Im Lapidarium der Vatikanischen Museen sind Fragmente der „Fasti Ostienses" ausgestellt. Diese marmornen Fastenlisten enthalten wichtige Daten zur Geschichte Ostias und Roms. Außerdem beherbergen die Vatikanischen Museen verschiedene Statuen und Reliefs aus Ostia, darunter Darstellungen von Göttern und Kaisern, die die religiöse und politische Bedeutung der Stadt widerspiegeln.

Anbieter wie **GetYourGuide** vermitteln geführte Touren, bei denen Tickets bereits inklusive sind, während **Tiqets** Varianten mit Mittagessen ab Rom organisiert. Auch die lokale Organisation **Visit Ostia Antica** bietet private Touren oder Gruppentouren an (teils in Deutsch, Englisch, Spanisch oder Französisch). Diese können individuell auf deine Interessen zugeschnitten werden. Wer mag, bekommt so

noch tiefere Einblicke in das Leben der antiken Hafenstadt, sowie spannende Anekdoten und Details, die man beim eigenständigen Rundgang leicht übersieht.

Archäologischer Park Ostia Antica

 *08:30–16:30 Uhr (Schließzeit variiert nach Jahreszeit)*

 *3–4 Stunden*

 *Erwachsene 18 €, Audioguide 5 €*

 *https://ostiaantica.cultura.gov.it/en/*

*QR-Code scannen und direkt dein Ticket für den **Archäologischen Park Ostia Antica** buchen!*

Nach dem Vormittag voller Entdeckungen ist es Zeit für eine kleine Stärkung: Ein lokales Restaurant wie **Sora Margherita al Borghetto** - Via del Forno 11 in Ostia Antica - bietet klassische römische Küche. Es befindet sich in der Nähe des archäologischen Parks und ist ideal für eine Mittagspause nach der Besichtigung. Am besten vorab reservieren: soramargherita.com

Optional kannst du nach dem Mittagessen einen kurzen Abstecher zum **Castello di Giulio II** machen. Es sind nur wenige Gehminuten vom Bahnhof entfernt. Diese beeindruckende Festung aus dem 15. Jahrhundert wurde von Kardinal Giuliano della Rovere, dem späteren Papst Julius II., erbaut, um die Küste Roms zu schützen. Heute beherbergt das Schloss ein kleines Museum und bietet einen faszinierenden Einblick in die Militärarchitektur der Renaissance. Die massiven, 24 Meter hohen Rundtürme und die gut erhaltene Wehrmauer machen das Castello zu einem eindrucksvollen Fotomotiv.

Castello di Guilio II

Nov.–Feb.: 10:30–16:30 Uhr
März–15. Juni: 10:30–19:30 Uhr
16. Juni–Okt.: 13:30–19:30 Uhr

Erwachsene 6 €, Kombitickets mit dem Archäologischen Park

https://ostiaantica.cultura.gov.it/en/

*QR-Code scannen und direkt dein Ticket für das **Schloss Castello di Guilio II** buchen!*

Jetzt geht es ans Meer! Von Ostia Antica nimmst du noch einmal die S-Bahn (Linea Roma-Lido), die dich in 15–20 Minuten direkt zu den Stränden bringt.

Der Strand ist typisch italienisch: Liegestühle, bunte Sonnenschirme, ein paar Volleyballgruppen und Cafés, die lauwarmen Espresso und kleine Snacks servieren. Es ist Italien in seiner entspannten, etwas chaotischen Variante. Nicht unbedingt ein Postkartenstrand, eher ein Ort, an dem die Römer ihr Wochenende genießen, ihre Hunde spazieren führen oder einfach in der Sonne sitzen. Dieser Ort ist perfekt, wenn du wie ich unter chronischem Meerweh leidest, weniger geeignet, wenn du ein Südseefeeling erwartest. Der **Pontile di Ostia**, eine lange Seebrücke, bietet trotzdem einen schönen Blick auf das Meer und die Küste. Selbst wenn der Sand nicht perfekt ist, spürst du das Salz auf der Haut und den Wind in den Haaren – Meer halt. Du kannst ein Stück spazieren, ein kurzes Bad wagen oder einfach auf einer Bank sitzen und das Summen der Stadt hinter dir lassen.

Am späten Nachmittag nimmst du die S-Bahn zurück nach Rom und bist voller Eindrücke, die nachklingen.

Mehr versteckte Schätze für Romkenner und Wiederkehrer

Es gibt Orte, an die man immer wieder zurückkehrt. Rom ist für mich ein solcher Ort. Du hast das Gefühl, Rom in- und auswendig zu kennen, und möchtest ein paar frische Eindrücke sammeln? Dann habe ich nachfolgend ein paar Ideen für dich.

ACQUA VERGINE-AQUÄDUKT

Das **Acquedotto Vergine**, erbaut im Jahr 19 v. Chr. auf Geheiß von Agrippa, ist das einzige antike Aquädukt Roms, das immer noch in Betrieb ist. Es versorgt noch heute bedeutende Brunnen wie den Trevi-Brunnen, die Fontana dei Quattro Fiumi auf der Piazza Navona und die Fontana della Barcaccia an der Spanischen Treppe mit Wasser.

Trajanssäule – spiralförmiges Relief erzählt Trajans Feldzüge; zu finden am Trajansforum neben dem Forum Romanum in Rom.

Ein besonders gut erhaltenes Stück des Aquädukts befindet sich in der **Via del Nazareno**, nahe der Spanischen Treppe. An dieser Stelle kannst du einen monumentalen Bogen aus dem Jahr 46 v. Chr. bestaunen, der über die antike Straße Regio VII führt. Die Säulen bestehen aus großen Peperinoblöcken; und das ursprüngliche Gesims war vermutlich aus Travertin. Ein weiteres sehenswertes Stück des Aquädukts findest du im **Acqua Virgo Park** im Stadtteil Pietralata. Dieser etwa 300 Meter lange Abschnitt verläuft über erhöhte Bögen und bietet einen beeindruckenden Einblick in die Ingenieurskunst der Römer.

Acquedotto Vergine

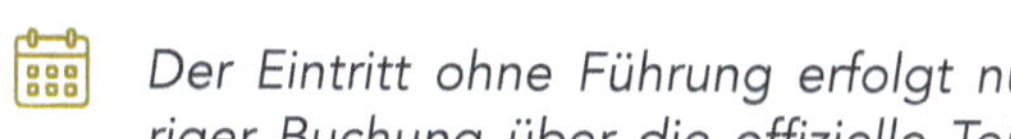

Der Eintritt ohne Führung erfolgt nur nach vorheriger Buchung über die offizielle Touristeninformation: +39 060608

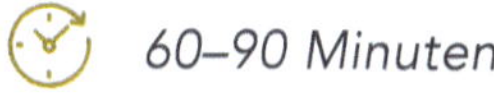

60–90 Minuten

Erwachsene 4 €

https://www.turismoroma.it/de/places/acqua-vergine-aqu%C3%A4dukt-der-del-nazareno

*QR-Code scannen und erhalte mehr Informationen über das **Acqua Vergine-Aquädukt**!*

FONTANA DELL'ACQUA PAOLA

Wenn du die Hügel Roms erkundest, solltest du einen Abstecher zur **Fontana dell'Acqua Paola** machen, auch bekannt als „Il Fontanone". Die monumentale Barockfontäne erhebt sich stolz am Janiculum-Hügel und bietet nicht nur ein beeindruckendes Fotomotiv, sondern auch einen fantastischen Ausblick über die Stadt.

PAVLVS·QVINTVS·PONTIFEX·MAXIMVS
AQVAM·IN·AGRO·BRACCIANENSI
SALVBERRIMIS·E·FONTIBVS·COLLECTAM
VETERIBVS·AQVAE·ALSIETINAE·DVCTIBVS·RESTITVTIS
NOVISQVE·ADDITIS
XXXV·AB·MILLIARIO·DVXIT
ANNO·DOMINI·MDCXII·PONTIFICATVS·SVI·SEPTIMO

Erbaut Anfang des 17. Jahrhunderts, markiert die Fontana das Ende des restaurierten Acqua Paola-Aquädukts, das die Stadt mit frischem Wasser versorgte. Über riesige Marmorstufen plätschert das Wasser in ein großzügiges Bassin, flankiert von majestätischen Säulen und reich verzierten Wappen. Wer genau hinschaut, entdeckt die liebevollen Details der Engel, Fische und mythologischen Figuren, die der Fontäne ihren besonderen Charme verleihen.

Vor allem am späten Nachmittag, wenn die Sonne über den Dächern Roms steht, zeigt sich die Fontana von ihrer stimmungsvollsten Seite. Das leise Plätschern, die goldenen Lichtstrahlen und der weite Blick über die Stadt machen den Ort zu einem stillen Rückzugsort, abseits der typischen Touristenströme. Ein perfekter Moment, um einfach stehen zu bleiben, die Atmosphäre zu genießen und danach vielleicht einen kleinen Espresso in der Nähe zu trinken, während man die Aussicht auf die Stadt in der einsetzenden Abenddämmerung bewundert.

TEMPIETTO DI SAN PIETRO IN MONTORIO

Der **Tempietto di San Pietro in Montorio**, erbaut 1502 von Donato Bramante im Auftrag der spanischen Könige Isabella I. von Kastilien und Ferdinand II. von Aragonien, gilt als Meisterwerk der Hochrenaissance und als ein herausragendes Beispiel klassischer Architektur. Das kleine, runde Gebäude steht im Innenhof der Kirche **San Pietro in Montorio** auf dem Gianicolo-Hügel und markiert traditionell den Ort, an dem der Apostel Petrus als Märtyrer starb.

Das Tempietto beeindruckt durch seine harmonischen Proportionen, die korinthischen Säulen aus Marmor und die fein gearbeiteten Kapitelle. Die runde Kuppel ruht auf einem niedrigen Tambour; und die Fassade ist mit

klaren geometrischen Formen gestaltet. Im Inneren sind noch Spuren der ursprünglichen Fresken und Ornamentik zu erkennen.

Die Anlage ist auch von kultureller Bedeutung, da der Klosterkomplex seit dem 19. Jahrhundert die **Reale Academia de España en Roma** beherbergt. Dort können spanische Künstler, Restauratoren und Wissenschaftler in Rom forschen und arbeiten, wodurch das Tempietto zugleich ein lebendiger Ort der spanischen Kunstszene ist.

Tempietto di San Pietro in Montorio

täglich 08:30–12:00 Uhr,
außerdem Montag–Freitag 15:00–16:00 Uhr

30–45 Minuten

frei (Spenden empfohlen)

https://www.accademiaspagna.org/

QR-Code scannen und erhalte mehr Informationen über die ***Spanische Kunstschule****!*

DIE MADONNEN VON ROM

Rom, 1602. Es ist Nacht, die Gassen sind still, nur das Klappern der Räder eines vorbeieilenden Wagens hallt zwischen den Häusern wider. Du gehst vorsichtig, immer die Augen offen, denn das Kopfsteinpflaster verbirgt Schatten und Geheimnisse. Du hast ein mulmiges Gefühl, denn erst kürzlich wurde die Nachbarin überfallen. Plötzlich fällt dein Blick auf ein schwach erleuchtetes **Madonnenbild** an der Ecke eines Hauses. Es ist ein kleines Heiligtum aus Keramik in einer schmucklosen Nische mit einer einzigen Kerze davor. Unter dem wachsamen freundlichen Blick der Madonna fuhlst du dich sicher; und der Gauner, der sich bereits händereibend angeschlichen hat, weicht zurück in die dunkle Gasse.

In dieser Stadt, wo sich Macht, Reichtum und Armut dicht an dicht drängen, dienten solche Madonnen als stille Wächter. Sie sollten die Menschen erinnern, schützen und vielleicht sogar vom Bösen abhalten. Ein stilles Gebet gegen

Unglück, gegen Verbrechen, gegen die dunklen Seiten des Lebens. Manche sagen, dass die Straßen nachts sicherer wurden, weil die Bewohner in der Gegenwart der Madonnen moralische Kontrolle spürten, das Gefühl, beobachtet und beschützt zu sein.

Wenn du heutzutage durch Rom schlenderst, entdeckst du sie überall: kleine Madonnen an Hausecken, in Durchgängen oder versteckt hinter Balkonen. Einige glänzen in frischen Farben; andere sind verblasst und verwittert, als hätten sie die Geschichten der Jahrhunderte aufgesogen.

Insidertipp: Die wachsamen Madonnen von Rom

Achte auf sie, zähle sie vielleicht sogar, und halte einen Moment inne. Jede Madonna berichtet aus einem Kapitel aus Roms Vergangenheit – von den Ängsten, Hoffnungen und der stillen Spiritualität seiner Bewohner.

PASSEGGIATA DEL GELSOMINO

Nur wenige Schritte vom Vatikan entfernt, entlang der Via della Stazione Vaticana, führt die **Passeggiata del Gelsomino** – die „Jasminpromenade" – über das ehemalige Gleisbett der Vatikanischen Eisenbahn. Dieser knapp einen Kilometer lange Fußweg, der 2025 für Fußgänger und Radfahrer geöffnet wurde, bietet nicht nur eine grüne Oase inmitten der Stadt, sondern auch einen einzigartigen Blick auf die Kuppel des Petersdoms.

Besonders im Frühling und Sommer verströmen die dort wachsenden Jasminsträucher einen betörenden Duft und verleihen dem Spaziergang eine romantische Atmosphäre. Die Strecke endet direkt vor den Mauern des Vatikans und führt weiter zum Petersplatz. Der Zugang erfolgt über die **Via della Stazione Vaticana**, direkt gegenüber dem Bahnhof Roma San Pietro. Von dort aus gelangt man über eine Brücke mit spektakulärem Blick auf den Petersdom direkt zu den Vatikanischen Mauern. Der Spaziergang dauert je nach Tempo 15–20 Minuten; aber plane ruhig mehr Zeit für die Aussicht und die Fotostopps ein.

BIBLIOTECA CASANANTENSE

Die **Biblioteca Casanatense** in Rom ist ein wahres Schmuckstück für Bibliotheksliebhaber und Musikfreunde gleichermaßen. Gegründet im Jahr 1701, beherbergt sie heute rund 400 000 Bände, darunter wertvolle Manuskripte und Inkunabeln. Der **Salone Monumentale** beeindruckt mit seiner barocken Architektur und einem riesigen Globus.

 *Montag–Freitag 10:00–16:00 Uhr*

Insidertipp: Klassische Konzerte in historischer Bibliothek

Im Rahmen der Reihe „Pomeriggi Musicali in Casanatense" finden regelmäßig ***klassische Konzerte*** *statt. Diese Veranstaltungen bieten ein einzigartiges Erlebnis in historischer Kulisse. Der Eintritt ist in der Regel kostenlos. Für aktuelle Veranstaltungen und weitere Informationen besuche die offizielle Website:* ***casanatense.cultura.go***

DER PERFEKTE ESPRESSO

Du bist Fan des italienischen Espressos und möchtest dir etwas *dolce vita* mit nach Hause nehmen? Dann mach einen Abstecher zum **Bialetti** Geschäft in der Piazza Cola di Rienzo, 82/b in Prati. Dort kannst du deine *caffettiera* personalisieren lassen.

Caffettiera – klassisches Utensil für Espresso in italienischen Haushalten

FUSSBALL IM STADIO OLIMPICO

Schon Julia Roberts wusste in ihrem ikonischen Film *Eat Pray Love*, der teils in Rom spielt: Ein Besuch bei einem Heimspiel von **AS Roma** oder **SS Lazio** im legendären **Stadio Olimpico** ist ein unvergessliches Erlebnis.

Die Atmosphäre ist elektrisierend: Trommeln, Gesänge und leidenschaftliche Fans machen jedes Spiel zu einem Spektakel. Selbst wenn du kein eingefleischter Fußballfan bist, wirst du die Energie und Begeisterung der Römer zu schätzen wissen.

Anreise: Das Stadion ist mit öffentlichen Verkehrsmitteln gut erreichbar. Die Metro-Linie A bis zur Haltestelle Flaminio und dann ein kurzer Spaziergang; oder die Buslinien 32, 69, 188, 200, 226, 280, 301, 446, 628, 910, 911 bringen dich direkt zum Stadion.

Tickets und Spielplan:

 *asroma.com*

*QR-Code scannen und direkt dein Ticket für ein **Fußballspiel des AS Roma** buchen!*

PASTA- UND TIRAMISU-KURS

Als ich 2024 für mehrere Wochen nach Rom reiste, wollte ich unbedingt lernen, wie man frische Pasta und Tiramisu herstellt. Es gibt zahlreiche Anbieter, zum Beispiel über die Plattform GetYourGuide. Ich habe an einem Kurs von Food Tour Rome (Englisch) teilgenommen: drei unterhaltsame, lockere und leckere Stunden; die Rezepte bekommt man mit nach Hause!

 *https://foodtourrome.com/*

*QR-Code scannen und direkt einen **Pastakurs** buchen!*

OPEN-AIR-KINO UND THEATER UNTER RÖMISCHEM HIMMEL

Wenn die Sonne untergeht, erwacht die Stadt zu einem ganz besonderen Kulturleben. Für Cineasten bieten **Open-Air-Kinos** wie in der **Villa Borghese**, im **Cinecittà-Lab** oder auf der **Piazza Vittorio** Filmgenuss unter freiem Himmel. Klassiker, italienische Produktionen und Originalfassungen laufen hier in entspannter Atmosphäre: Popcorn in der Hand, Römer um dich herum, echte Sommerromantik in der Stadt. Die Casa del Cinema in der Villa Borghese (Juni–September) ist sogar kostenfrei. Die Filme beginnen in der Regel 21:30 Uhr. Mehr Infos unter:

 *https://www.casadelcinema.it/en/*

*QR-Code scannen und mehr Infos zum Programm der **Casa di Cinema im Park der Villa Borghese** zu erhalten!*

Wer es etwas exklusiver und architektonisch spektakulär mag, sollte die Abendaufführungen im **Teatro di Marcello** einplanen. Das antike Theater, nur wenige Minuten vom historischen Zentrum entfernt, öffnet im Sommer seine Türen für **Konzertreihen, Jazz- und Klassikveranstaltungen.** Besonders stimmungsvoll: Die Konzerte finden im Innenhof oder direkt im Theater statt; Musik und Geschichte verschmelzen auf faszinierende Weise. Bei Regen werden die Aufführungen in überdachte Räume verlegt, sodass der Abendplan immer sicher bleibt.

Tickets und Spielpläne über Classictic

 *https://www.classictic.com/de/*

*QR-Code scannen und mehr Infos zu Konzerten im **Teatro di Marcello** zu erhalten!*

NACHTLEBEN IN TRASTEVERE

Nach Sonnenuntergang wird **Trastevere** noch pulsierender: voller Leben, Musik und guter Laune. Die engen Gassen und Kopfsteinpflasterstraßen laden zu einem Abendspaziergang ein, vorbei an kleinen Plätzen, Laternenlicht und versteckten Innenhöfen, die sich plötzlich als gemütliche Bars oder Jazzclubs entpuppen.

Wer Lust auf **Craft-Bier** hat, sollte bei **Ma Che Siete Venuti a Fa'** hineinschauen. Dieses Pub bietet eine beeindruckende Auswahl und eine freundliche Stimmung, perfekt für einen entspannten Drink.

Wer Jazz und Dinner verbinden möchte, findet im **Gregory's Live Jazz & Dinner Club** genau die richtige Mischung: stilvolles Ambiente, gutes Essen und Musik, die den Abend unvergesslich macht.

Trastevere lebt von seiner Vielfalt. Kleine Bars, versteckte Innenhöfe und Live-Auftritte schaffen eine Stimmung, die sich kaum in Worte fassen lässt. Für aktuelle Veranstaltungen und weitere Tipps lohnt sich ein Blick in den **Discover Trastevere Nightlife Guide**, der ständig aktualisiert wird und den Abendplan erleichtert.

Schlusswort

Rom steckt voller Geschichten: manche sichtbar, manche verborgen in den kleinen Details, die eine Reise unvergesslich machen. Mir wird oft nachgesagt, dass ich genau diese Details sehe – die Momente, die einem erst im Rückblick auffallen. Schon häufig wurde ich gefragt, wann ich endlich einen Reiseführer schreiben würde; im November 2024 war es dann so weit. Meine einmonatige Reise nach Rom legte den Grundstein für das Buch, das du nun in den Händen hältst. Aus Fotos in Familienchats und Kurzvideos im Internet erwuchs ein vollständiges Manuskript.

Wenn du dieses Buch abgeschlossen hast oder Rom vielleicht sogar schon selbst erlebt hast, hoffe ich, dass du die kleinen, besonderen Momente entdecken konntest: den Sonnenuntergang oberhalb der *Piazza del Popolo*, im Park der Villa Borghese, die cremige Pasta in einer verwinkelten Gasse von Trastevere nach einem langen Tag voller Sightseeing, der Cappuccino auf dem Dach der christlichen Welt, dem Petersdom, nachdem man 551 Stufen erklommen hat. Genau diese Augenblicke liegen mir besonders am Herzen. Sie waren der Leitfaden beim Schreiben dieses Reiseführers, damit sie auch dich auf deiner Reise begleiten.

Ich möchte mich bei meinen Freundinnen, meiner Familie und meinen Weggefährten bedanken, die mir mit ihren Worten den Mut gegeben haben, dieses Projekt umzusetzen. Besonders danke ich Yvette (hoffentlich reist du endlich nach Rom) und Lidia (weil eine Rom-Liebende die beste Testleserin ist).

Zu guter Letzt danke ich *dir*, dass du mich auf dieser Reise begleitet hast. Ich wünsche dir, dass Rom für dich nicht nur eine Stadt bleibt, sondern ein Erlebnis voller Geschichten, Überraschungen und Erinnerungen, die noch lange nachklingen.

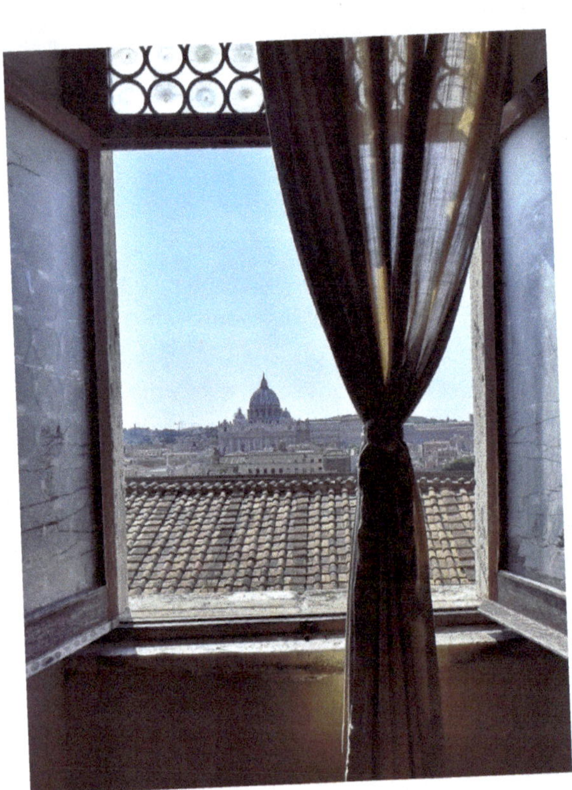

Über die Autorin

Sabrina Hüsken wollte als Kind Pilotin werden – bis sie Bücher entdeckte und erkannte, dass sie nur ihre Fantasie braucht, um zu reisen. Heute bezeichnet sie sich selbst als Weltenbummlerin und schreibt unter anderem Bücher über Reisen. In ihren Romanen, Novellen und Kurzgeschichten erzählt sie darüber, was nicht offensichtlich ist. Sie schreibt die Geschichten, die sie selbst begeistern, die ihr Mut geben und ihr zeigen, dass es sich lohnt, für das, was man will und liebt, zu kämpfen.

Neben ihrer literarischen Arbeit gibt sie ihre fast 20-jährige Erfahrung als Individualreisende weiter. Ihre Reiseführer kombinieren praktische Tipps, persönliche Empfehlungen und sind Inspiration für alle, die die Welt authentisch entdecken möchten – vom Klassiker bis hin zum Geheimtipp abseits der Touristenpfade.

Quellenverzeichnis

Pixabay
Seite 2: Edyttka1388
Seite 4: philriley427 (links), martindearriba (rechts)
Seite 5: josehoracioneto (rechts)
Seite 11: liliy2025
Seite 17: Maluba
Seite 21: j_nnesk_sser
Seite 26: Banzy2019
Seite 27: adamtepl
Seite 33: jensjunge
Seite 37: Pics_on_tour
Seite 39: WikiImages
Seite 40: Jack78
Seite 49: lanzellotti2
Seite 51: DUCTINH91
Seite 52: youleks
Seite 54: LoggaWiggler
Seite 55: KernJulian
Seite 58: user32212
Seite 59: Bradiporap
Seite 60: maxgen
Seite 62: JerOme82
Seite 63: Tasos_Lekkas
Seite 64: SCAPIN
Seite 65: Kolímprint
Seite 67: Pexels
Seite 75: BKD
Seite 76: BKD
Seite 78: user32212
Seite 83: xlizziexx
Seite 84: Tasos_Lekkas
Seite 97: dozemode
Seite 99: SozziJA
Seite 114: MARTINOPHUC
Seite 118: KarinKarin
Seite 119: chatst2
Seite 123: loveombra
Seite 124: SCAPIN
Seite 130: martindearriba
Seite 133: SeppH
Seite 134: Marco_Pomella
Seite 136: Anajim
Seite 138: The_Double_A
Seite 140: bummelhummel
Seite 141: Indirex
Seite 142: rickymaffeis
Seite 144: AntonellaRoma

Unsplash
Seite 10: Zoran Borojevic
Seite 45: Anton Volnuhin
Seite 105: tommao wang

iStock
Seite 24: anameija18
Seite 28: MasterLu
Seite 31: Walmor Santos
Seite 34: agsl10
Seite 35: Vladislav Zolotov
Seite 41: frederic prochasson
Seite 42: MartinM303
Seite 43: gollykim
Seite 46: xbrchx
Seite 48: Michal Krakowiak
Seite 56: dmitriymoroz
Seite 66: Sazonoff
Seite 79: UliU
Seite 80: photooiasson
Seite 90: phant
Seite 92: underworld111
Seite 95: Felipe Rodriguez
Seite 103: e55evu
Seite 106: Anna Zukarakina
Seite 109: phant
Seite 112: dmitriymoroz
Seite 117: mgallar

Alamy
Seite 53: Vito Arcomano
Seite 68: ItalyDrones
Seite 71 Prisma Archivo
Seite 72: Raimund Kutter
Seite 87: Sergey Borisov
Seite 88: AA World Travel Library
Seite 93: Franco Tognarini
Seite 98: Vito Arcomano
Seite 101: Nadia Isakova
Seite 128: Paolo Reda - REDA &CO

Adobe Stock
Seite 113: misterbike
Seite 115: Debbie Ann Powell
Seite 120: Elodie
Seite 131: Only Fabrizio
Seite 132: Tryfonov

Weitere
Seiten: 5 (links), 7, 19, 36, 38, 74, 75, 76, 77, 81, 86, 107, 110, 111, 116, 126, 135, 140, 142, 143: Sabrina Hüsken

Karte von Rom
Jessica M. Rhodes

Literaturverzeichnis

- Chen, M. (2025, 25. Januar). Artnet. https://news.artnet.com/art-world/domus-aurea-nero-egyptian-blue-2604024.
- Coarelli, F. (2000). Rom – Ein archäologischer Führer. Mainz: Philipp von Zabern.
- Förster, M. (2025, 9. Oktober). Reisereporter. Von Reisereporter. Abgerufen von https://www.reisereporter.de/reisenews/geheimnis-unter-dem-kolosseum-antiker-gang-oeffnet-erstmals-fuer-besucher-DQO6TVRQKFAKJKDKICCP3X4LZY.html.

Dieses Buch wurde in Übereinstimmung mit den GPSR-Richtlinien der EU zur Sicherheit von Produkten erstellt.

Die Verordnung über die allgemeine Produktsicherheit ist der aktualisierte Rahmen der Europäischen Union, um sicherzustellen, dass alle Verbraucherprodukte, einschließlich Bücher, für Verbraucher sicher sind.

Dieses Buch wurde von CPI books GmbH gedruckt. Der Drucker hat Sicherheitszertifikate für die verwendeten Materialien wie Tinte, Papier und Kleber ausgestellt.

Die Produktkennung ist: 9783912519006

Der Autor ist für den Inhalt des Buches verantwortlich und hat das Buch von Bookmundo produzieren lassen.

Sollten Sie Fragen zur Sicherheit des Produkts haben, kontaktieren Sie uns bitte.

Bookmundo
Delftsestraat 33
3013AE Rotterdam
Die Niederlande
info@bookmundo.com

Zeitfracht Medien GmbH
Ferdinand-Jühlke-Straße 7
99095 Erfurt, Deutschland
produktsicherheit@kolibri360.de